Airline Cabin Tea Service

NCS(National Competency Standards) 적용

티마스터(Tea Master)를 위한

항공기내음료서비스

安昭英 著

백산출판사

머리말

음료는 우리의 일상생활에서 절대적으로 필요한 것으로 손님에게 물이나 음료를 제공하는 것은 가정이나 음식점, 그리고 기타 대부분의 장소에서 행해지는 가장 기본적인 서비스이다.

이것은 국내항공사뿐만 아니라 세계의 항공사에서도 마찬가지이다.

비행시간이 짧은 국내선 구간에서는 가볍게 커피, 녹차, 생수, 오렌지주스, 콜라, 토마토주스 등의 음료서비스를 실시한다.

구간별 비행시간, 등급별 서비스가 각각 다른 국제선에서는 기내식의 내용과 조화되도록 서비스가 이루어진다. 지상에서의 승객 탑승 후 환영의 의미를 가진 welcome drink 서비스, 비행 중 식사 전 입맛을 돋우기 위한 식전 음료서비스, 식사와 함께하는 식중주 서비스, 식사 후에 소화를 도와주기 위한 식후 음료서비스를 실시한다.

그리고 승객들의 편의를 위해 다양한 종류의 음료서비스를 실시한다.

갈증해소를 위해, 집중을 위해, 지루함을 달래기 위해, 즐거운 시간을 보내기 위한 다양한 이유로 각종 음료를 준비하여 서비스를 실시하고 있다.

기내음료서비스는 객실승무원이 항공사의 업무 매뉴얼에 따라 제공하는 정해진 서비스로 생각할 수 있지만 서비스받는 승객들은 상황에 따라 색다른 의미와 느낌으로 받아들이는 경우가 많다.

평소에는 와인을 즐기지 않던 사람도 여행 중 비행기에서는 기내식과 함께 창문 밖으로 보이는 구름을 보면서 와인을 한잔하고 싶어지는 것처럼 똑같은 한잔의 커피라도 평소 가까운 커피전문점에서 마시는 커피와 3만 피트 이상의 상공에서 마시는 커피는 승객들에게 또 다른 감동이 될 수 있다.

최근에는 특히 와인, 커피, 차(Tea) 등 음료에 관심을 가진 승객이 많으며 높은 수준의 맛과 서비스를 요구하는 경향이 있는 것이 현실이다.

이러한 승객들의 요구에 따라 항공사들은 승객의 눈높이를 맞추기 위한 노력들을 꾸준히 해오고 있다.

최근 아시아나항공은 와인 소믈리에, 커피 바리스타와 같은 특화서비스를 통해 고객에게 새로운 감동을 주고 있으며, 유명 브랜드의 커피를 그대로 제공하고 있다.

최근 도입된 A380 항공기에서는 기내 설비 중 하나로 바(Bar)를 설치하여 고객들에게 언제든 음료를 통한 감동의 시간을 전달할 수 있게 되었다.

이 책을 통해 감동이 있는 기내음료서비스를 만들어내고, 기내에서 서비스하는 음료 중 특히 티(Tea) 서비스의 고객만족과 승무원의 음료서비스 역량을 높일 수 있도록 자료를 제공하고자 한다.

저자 씀

Contents

Chapter 1

티마스터

Chapter 1

티마스터

1. 티마스터(Tea Master)

티마스터(Tea Master)는 차에 대한 이론적 지식, 우림 기술, 전문 서비스 기술을 겸비한 차 전문가를 뜻하는 것으로 티마스터에게 필요한 능력은 크게 4가지로 나누어볼 수 있다.

첫 번째는 차에 대한 이론적 지식이다. 녹차와 홍차 등 차의 종류와 생산지역, 역사와 문화, 차의 효능 그리고 차의 특성에 대한 기본적인 지식으로 차를 우려내고 서비스하기 위한 기초가 된다.

두 번째로 차의 맛과 향을 알고 고객에게 상황에 맞는 차를 추천할 수 있어야 한다.

차는 녹차, 홍차 등 색깔에 따라, 발효 정도에 따라, 생산지역에 따라, 그 외 제다방법과 각각의 브랜드에 따라 그 종류가 무수히 많다.

다양한 차의 테이스팅을 통해 종류별 차의 맛과 향에 대한 특징을 파악하여 고객에게 적합한 차를 선정하여 추천한다.

차의 추천과 더불어 시간과 시점별, 곁들이는 음식 또는 다식(茶食, 티푸드 tea food)의 선택 및 추천 또한 가능해야 한다.

세 번째는 차의 특징에 따라 알맞은 다구를 선택하고 물의 온도를 맞추어 적절히 우릴 수 있어야 한다.

차는 종류에 따라 맛과 향, 여운 외에 다양한 특징을 가지고 있다. 훌륭한

한 잔의 차를 위해서는 차 우리는(추출하는) 물의 온도와 우리는 시간 그리고 적합한 다구 등을 이용하여 최상의 맛과 향을 가진 차를 우려내는 기술이 필요하다.

네 번째는 전문 서비스 기술을 바탕으로 고객에게 차를 서비스하는 것이다.

고객을 응대하는 세련되고 전문가적 매너를 갖추고 스토리텔링 등으로 차의 맛과 향 등을 포함하는 차 관련 내용을 적절히 설명할 수 있어야 한다.

결론적으로 차에 대한 기본지식을 바탕으로 고객에게 알맞은 차를 추천할 수 있어야 하며 차의 특징을 고려하여 적절히 우려진 한 잔의 차를 설명과 함께 세련된 매너와 태도로 서비스할 수 있어야 한다.

흔히들 와인의 전문가는 와인의 대한 기본 지식과 서비스 방식 및 매너, 와인의 보관과 준비, 식사에 어울리는 와인을 추천, 서비스하는 전문가를 소믈리에라고 하는 개념과 일맥상통한다고 할 수 있다.

2. 티마스터의 역할

티마스터는 차 전문가로서 한 잔의 차를 통해 차가 가진 멋과 장점, 차 문화, 차 예절 등을 전달하는 역할을 한다.

항상 청결하고 단정한 복장을 갖추고 일기일회(一期一會)의 마음으로 정성을 다해 차를 서비스해야 한다.

차의 맛과 향은 물론이거니와 차와 관련된 고객의 물음에 항상 정확한 답변을 할 수 있도록 관련 정보와 지식에 정통해야 한다.

그 외 밝은 표정과 바른 자세, 표준어와 경어의 사용 등 고객응대 매너를 갖추어야 한다.

티마스터는 위와 같은 능력을 갖추고, 국가직무능력표준(NCS : National Competency Standards)의 식음료접객과 항공객실서비스를 활용하여 새로운 차 전문 서비스와 고객서비스 능력을 함양하고 서비스 분위기, 차 상품에 따른 지속적인 학습과 실무능력 향상을 꾀한다면 티마스터의 역량강화와 더불어 차 산업과 차 서비스업의 발전에 많은 도움이 될 것으로 기대된다.

티마스터 기술과 국가직무능력표준(NCS: National Competency Standards)의 활용을 통한 전문 인재 육성을 통해 항공사는 특별 서비스로의 활용이 가능하며, 이러한 서비스를 받은 고객의 만족과 감동을 이끌어낼 수 있을 것이다.

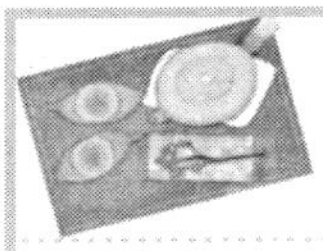

국가직무능력표준(NCS: National Competency Standards)

산업현장에서 직무를 수행하기 위해 요구되는 지식, 기술, 소양 등의 내용을 국가가 산업부문별·수준별로 체계화한 것으로 산업현장의 직무를 성공적으로 수행하기 위해 필요한 능력(지식, 기술, 태도)을 국가적 차원에서 표준화한 것을 의미한다.

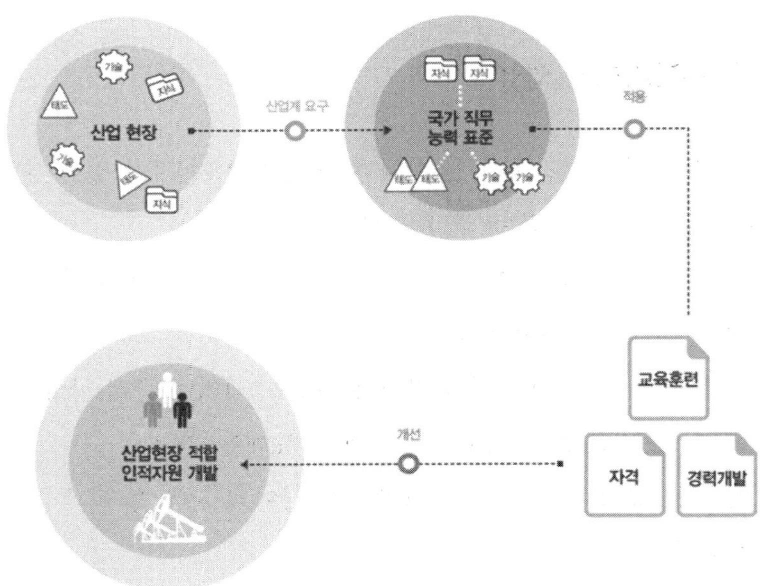

교육부, 2016, NCS(국가직무능력표준)

Chapter

2

항공기내음료서비스

Chapter 2

항공기내음료서비스

1. 항공객실서비스

항공사의 객실승무원은 「항공법」 제1장 2조에 다음과 같이 정의되어 있다. "객실승무원이란 항공기에 탑승하여 비상시 승객을 탈출시키는 등 안전업무를 수행하는 승무원을 말한다."

운송수단 중 하나인 항공기의 객실에서 근무하는 승무원은 승객들에게 필수적인 안전한 비행을 확보하고 최상의 객실서비스를 제공해야 한다.

따라서 안전한 비행과 최상의 객실서비스를 제공하기 위한 객실승무원의 업무는 안전, 서비스, 고객응대, 팀워크, 용모/복장으로 크게 나누어볼 수 있다.

객실승무원은 항공기에 탑승하여 항공사의 객실승무원 업무 규정에 맞는 단정하고 세련된 용모와 복장을 갖추고 탑승 승무원 간의 협조를 통해 승객의 안전을 최우선으로 친절한 고객 응대와 다양한 서비스를 승객들에게 제공해야 한다.

항공객실서비스는 항공기의 좌석 및 좌석 내 설비, 수하물 보관 선반, 화장실, 코트룸 등의 기본적인 기내시설 및 설비를 비롯하여 기내식음료, 오락물, 도서와 잡지, 어린이용품, 칫솔 및 기내 화장품 등등의 다양한 물적 서비스를 제공하는 것을 말한다.

이러한 물적 서비스는 객실승무원들의 친절하고 세련된 고객응대 서비스를 통하여 승객들에게 전달된다.

1) 항공객실승무원의 자세와 태도

• 승객 탑승 대기자세 준비

승객 탑승은 비행 출발 약 30분 전에 실시되는데, 승무원은 각자 정해진 구역의 위치에서 탑승하는 승객에게 환영인사를 하기 위해 대기한다. 이때 손은 공수자세를 하고 배 위에 가지런히 자연스럽게 포개 얹어 승객 맞을 준비를 한다. 입가에는 밝은 미소를 띠어 승객 환영할 준비자세를 갖추며, 다리는 가지런히 모은다.

대기 전, 유니폼의 청결상태를 다시 한 번 살펴보고 화장(makeup)상태 및 머리 손질(hair-do)상태를 점검한다.

• 승객 응대 시 기본자세

(1) 밝은 표정서비스 기본자세

① 밝게 웃는 얼굴로 승객을 응대하는 것은 서비스의 기본자세이다.

② 승객 응대 시 언어적 표현보다 비언어적 표현이 의미의 전달 역할이 크며, 그중 얼굴 표정이 많은 비중을 차지하므로 항상 밝은 표정을 유지하도록 한다.

(2) 편안함을 주는 시선 처리

말씨나 태도가 아무리 훌륭한 승무원이라 해도 시선 처리를 바르게 하지 못하면 효과는 반감된다.

올바른 시선 처리는 곧 서비스맨의 자신감과 승객에 대한 공손함을 의미한다.

① 승객과 오래 대화할 경우에는 일반적으로 고객의 양미간과 눈을 번갈아 보면서 시선을 주어야 고객 입장에서 편안함을 느낄 수 있다.
② 오랜 시간 대화하는 경우 승객의 미간을 보다가 여백, 즉 승객과의 대화의 중심이 되는 쪽, 앞에 놓인 서류, 제시하는 방향, 찻잔 등으로 시선 처리를 한다.
③ 어떠한 경우라도 고객의 신체 위아래로 시선을 주는 것은 좋지 않다.
④ 다른 사람의 말을 들을 때 될 수 있으면 눈을 보고, 자신이 이야기할 때는 시선을 조금 아래로 향하는 것이 좋다. 단, 이야기의 핵심이나 고객의 동의를 구하고 싶을 때에는 시선을 고객의 눈에 두어 의지를 표현할 수 있다.
⑤ 승무원의 시선 의치가 고객보다 높을 경우 거만한 인상을, 너무 아래에 두면 비굴한 인상을 주므로 적당한 위치에서 눈의 위치를 맞추도록 한다. 눈의 위치를 맞추어서 몸의 높이를 조절할 수 있다.
⑥ 승무원의 시선과 얼굴의 방향, 그리고 몸과 발끝의 방향까지 고객의 시선을 향하도록 한다.

(3) 승객 응대 시 마음가짐

① 따뜻한 마음으로 항상 성의를 갖고 응대한다.
② 친절한 미소와 친근한 인사로 예의 바르게 행동한다.
③ 형식적인 말투가 아닌 마음을 담아 고객의 요구에 적극적으로 응한다.
④ 항상 용모 · 복장을 단정히 한다.
⑤ 자신감 있는 응대를 위해 평소 업무지식을 충분히 갖춘다.

⑥ 승객과 약속한 사항은 반드시 지키도록 한다.

⑦ 승객의 이야기를 더 많이 듣고, 고객의 감정상태에 마음으로 공감한다.

⑧ 승객과 인간적인 교감을 나눈다.

⑨ 승객이 요구하기 전에 미리 알아서 서비스한다.

⑩ 즐거운 마음으로 고객에게 도움이 되는 작은 친절을 베푼다.

⑪ 항상 관심을 기울이고 있음을 보인다.

(4) 승객 응대 시 주의해야 할 태도

① 승객의 요구나 문의에 무관심한 모습을 보이지 않으며 적극적으로 응대한다.

② 업무로 바쁜 때라도 한결같은 미소와 태도로 승객을 응대한다. 말씨나 태도가 아무리 훌륭한 승무원이라 해도 얼굴 표정에서 시선 처리를 바르게 하지 못하면 효과는 반감되고 만다. 올바른 시선 처리는 곧 서비스맨의 자신감과 승객에 대한 공손함을 의미한다.

③ 승객의 영역에 지나치게 개입하지 않는다.

④ 승객을 무작정 기다리게 하지 않는다.

⑤ 근무 중에 동료와 잡담하거나 승객에 대해 얘기하지 않는다.

⑥ 승객과 논쟁하지 않는다.

– 교육부, 2016, NCS 승객탑승 및 이륙 전 서비스 학습모듈

환영인사

(1) 인사방법

승무원은 승객 탑승 때 환영과 감사의 마음으로 승객 개개인에게 밝은 표정으로 눈맞춤(eye contact)을 하며 정중하게 인사한다.

(2) 인사의 중요성

탑승 환영인사는 승객을 가장 처음 대면하는 서비스이므로 승무원의 첫인상을 좌우하고 항공사 서비스에 대한 좋은 이미지를 갖게 하는 중요한 요소이다.

따라서 첫 대면의 환영인사에 대한 중요성을 인지하고 단정한 복장을 갖추어 승객에게 밝은 미소를 짓고 환영인사를 적극적으로 하도록 한다.

눈높이 서비스 자세

승객과 눈높이를 맞추는 공손한 응대자세로 다음의 상황에 적합한 공손한 응대자세이다.

① 승객과 장시간 대화하는 경우

② 승객에게 응대하기 위해 먼저 다가가 대화하는 경우(personal touch)

③ 승객에게 사과하는 경우

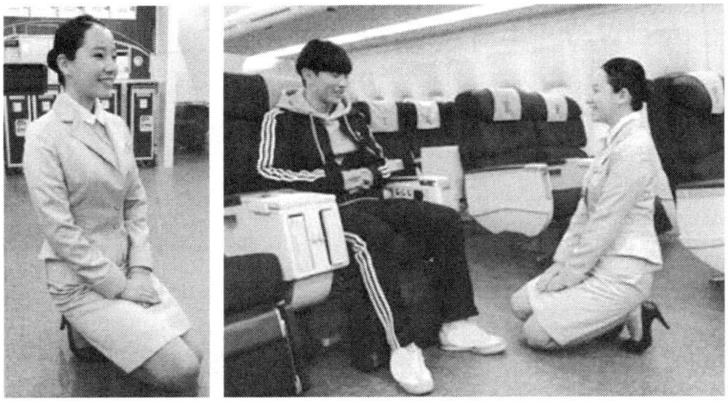

눈높이자세

사진 출처: 교육부, 2016, NCS 승객탑승 및 이륙 전 서비스 학습모듈

대화법

(1) 기내 서비스 대화의 기본

① 말하는 것보다 잘 듣는 자세가 되어야 한다.

가. 상대편의 말을 가로채지 말고 끝까지 듣도록 한다.

나. 상대편의 대답을 촉구하는 듯한 질문은 하지 않는다.

다. 맞장구치는 것은 괜찮으나 바닥을 치거나 무릎을 치는 등 과장된 행동은 삼가야 한다.

라. 상대편이 말한 사항을 확인하고 반응을 보면서 대화한다.

② 밝은 목소리, 적당한 속도, 정중함, 적절한 끊어 읽기(pause), 친근감을 주는 톤(tone)을 유지하도록 한다.

가. 항상 밝은 표정과 미소로 대화에 응하도록 한다.

나. 음성을 낮추되 적절한 속도, 톤, 명확한 발음으로 말한다.

다. 말에 진심과 열성을 담아서, 억양이나 속도에 변화를 주고 내용에 따라 띄어 말하도록 한다.

라. 문장의 어미를 너무 올리면 듣기 좋지 않고 유아적으로 느껴지며, 어미를 흐리는 것도 자신감이 없어 보인다. 매번 "~하시겠습니까?"로 책을 읽는 듯한 일률적인 어투는 피한다.

③ 전문용어, 불필요한 외국어, 약어 및 평소 자신의 언어습관은 지양하고 표준어 및 높임말을 사용한다.

④ 승객의 편의와 이해를 위해 간단하고 알아듣기 쉽게 말해야 한다.

⑤ 금지, 부정, 거절의 표현이나 명령형을 피하고 의뢰형을 많이 사용한다. '~해 주시겠습니까?' '~해 주시기 바랍니다.' '~해 주시면 감사하겠습니다.'

⑥ 부드러운 쿠션 언어를 사용한다.

승객의 요청에 부정적인 답변이나 양해를 구해야 하는 경우, 처음부터

'No', '안 된다'라고 말하기보다는 쿠션 언어를 사용하여 다음과 같이 표현하도록 한다.

가. "대단히 죄송합니다만, ○○○는 준비되어 있지 않습니다."

나. "실례합니다만, 잠시 지나가겠습니다."

⑦ 단 한마디라도 주의 깊고 성의 있게 말한다.

(2) 부정적인 대화 사례

① 대화 중에 상대방의 물건이나 옷 등을 만지작거리는 손버릇

② 자신의 몸을 긁거나 머리카락, 얼굴을 만지면서 말하는 것

③ 자신의 입술을 물거나 핥는 것, 입 근처에 손을 대는 것

④ 손가락으로 두드리거나 다른 도구를 이용하여 만지작거리는 것

⑤ 서비스 도중 음식물, 껌을 씹으면서 대화하는 것

– 교육부, 2016, NCS 승객탑승 및 이륙 전 서비스 학습모듈

• 승객 응대 기본자세

(1) 승객 응대 기본자세 원칙

① 승객을 응대하기 전에 언제나 청결하고 단정한 복장을 갖추어야 한다.

② 항상 밝은 표정과 눈맞춤을 하여 승객을 측면에서 응대하지 않으며 정면에서 응대한다.

③ 모든 승객에게 예의 바른 모습을 보이며 표준어, 높임말, 정중한 어휘를 써서 공손하게 응대한다. 유행어나 은어를 사용하면 안 된다.

④ 응대 시에는 승객 상황에 맞춰 표정연출을 해야 한다. 예를 들어 승객의 기분이 좋지 않을 때에도 미소를 띠고 있다면 이는 오히려 승객의 기분을 상하게 할 수 있으므로 상황에 맞게 적절히 응대한다.

(2) 바르게 앉는 자세

① 의자 깊숙이 엉덩이가 등받이에 닿도록 앉는다. 의자 끄트머리에 걸터 앉는 것은 보기도 좋지 않을뿐더러 불안정하고 쉽게 피곤해지는 자세이다.

② 등과 등받이 사이에 주먹 한 개가 들어갈 정도의 거리를 두고 등을 곧게 편다.

③ 상체는 서 있을 때와 마찬가지로 등이 굽어지지 않도록 주의하고 머리는 똑바로 한 채 턱을 당기고 시선은 정면을 향한다.

④ 손은 양쪽 겨드랑이가 몸으로부터 떨어지지 않도록 해서 가지런히 무릎 위에 모으고 발은 발끝이 벌어지지 않도록 조심하고 발끝은 가지런히 모아 정면을 향하게 한다.

⑤ 양다리는 모아서 수직으로 하며 오래 앉아 있을 경우 다리를 좌우 어느 쪽으로 방향을 틀어도 무방하다. 쉴 때에는 다리를 꼬아 옆으로 틀어도 괜찮지만 이러한 경우 다리선은 가지런히 하여 발끝까지 쭉 펴서 반듯하게 보이도록 한다.

⑥ 팔짱을 끼고 무릎을 떨거나 하지 않도록 하고, 다리를 꼬아 앉을 때도 벌어지지 않도록 유의해야 한다.

– 여자

가. 한쪽 발을 반걸음 뒤로 하고 몸을 비스듬히 하여 어깨 너머로 의자를 보면서 접혀진 승무원 좌석을 한 손으로 펴놓고 한쪽 스커트 자락을 살며시 눌러 의자 깊숙이 앉는다.

나. 뒤쪽에 있던 발을 앞으로 당겨 나란히 붙이고 두 발을 가지런히 모은다.

다. 양손을 모아 무릎 위에 스커트를 누르듯이 가볍게 올려놓는다.

라. 어깨를 펴고 시선은 정면을 향하도록 한다.

– 남자

가. 의자의 반걸음 앞에 바르게 선 자세에서 한 발을 뒤로 하여 의자 깊숙이 앉는다.

나. 정지 동작을 살리며 바른 자세로 앉는다.

다. 발을 허리 넓이만큼 벌리고 양손은 가볍게 주먹을 쥐어 양 무릎 위에 올려놓는다.

라. 어깨를 펴고 시선은 정면을 향하도록 한다.

(3) 기내 통로(aisle)에서 걷는 자세

① 가슴을 펴고 등을 곧게 하며, 무게 중심을 발의 앞부분에 두어 조용히 걷는다.

② 체중은 발 앞부분에 싣고, 허리로 걷는 듯한 느낌으로 걸어야 한다.

③ 손은 앞으로 가지런히 모으거나 옆에 붙이고 평상시 속도보다 천천히 걷는다.

④ 비상시에는 통로에서 뛰지 않도록 유의한다.

⑤ 통로에서 승객과 서로 지나칠 때에는 승객의 행동반경을 옆으로 피하고 가볍게 머리 숙여 인사한다.

⑥ 발소리가 크게 나지 않도록 자신의 걸음걸이에 주의를 기울여 걷는다.

⑦ 기내에서 휴식 중인 승객에게 무심코 들려오는 승무원의 요란스런 발소리는 귀에 거슬리게 된다.

⑧ 발소리가 나지 않도록 발끝이 먼저 바닥에 닿도록 하여 전면에 일직선이 그어져 있는 듯 가상하여 똑바로 걷는다.

– 교육부, 2016, NCS 승객탑승 및 이륙 전 서비스 학습모듈

기본 인사자세

(1) 인사의 기본 요소

요소	내용
밝은 표정	미소를 띠고 밝은 표정으로 승객을 응대한다.
밝은 인사말	밝은 음성과 톤으로 응대 상황에 알맞은 인사말을 먼저 건넨다. 예 "안녕하십니까, 어서 오십시오, 반갑습니다."
눈맞춤(eye contact)	승객의 눈을 밝은 표정으로 부드럽게 응시하며 응대한다.
정중한 자세	공손하고 예의 바른 말씨와 정중한 자세로 승객을 응대한다.

(2) 인사방법의 단계

① 1단계

- 승객을 바라보며 눈맞춤(eye contact)을 하고 미소를 짓는다.
- "안녕하십니까, 어서 오십시오." 등의 환영인사말을 밝게 건넨다.
- 그 이후 정중히 상체를 굽힌다. 배를 끌어당기며 허리부터 숙인다.

② 2단계

상체를 굽힌 후 머리, 허리, 등이 일직선이 되도록 하고, 정지자세를 약 1초가량 유지한다. 잠시 멈추는 동안에도 미소를 짓는다.

③ 3단계

- 천천히 상체를 들어 올리며 허리를 편다.
- 인사는 고개가 아닌 허리로 하는 것이 더욱 정중해 보인다.
- 다시 승객을 향해 눈맞춤(eye contact)을 하고 미소를 짓는다.

인사의 종류

(1) 15° 목례

① 엘리베이터, 계단, 복도 등에서 상호 간에 가볍게 인사할 때 실시한다. 상호 간에 가볍게 목례를 통해 인사한다.

② 기내 통로에서 승객과 마주칠 경우 실시한다. 기내 통로에서는 승객이 먼저 지나가도록 배려하고 가볍게 목례를 한다.

(2) 30° 보통례

① 승객 탑승 시 환영인사

- 승객 탑승 시 "안녕하십니까, 어서오십시오." 등의 환영인사 시 30°로 보통례를 한다.

② 승객 하기 시 인사

승객 하기 시 "감사합니다, 안녕히 가십시오." 등의 하기인사를 실시하는 경우 30°로 보통례를 한다.

(3) 45° 정중례

① 깊은 감사나 사죄를 표할 때

깊이 감사드릴 일이 있거나 승객에게 사죄를 표하는 경우 45°로 정중례를 한다.

② 기내에서 탑승 환영 방송 실시 시 승무원 인사

항공기 출발 전 승무원에 의한 탑승 환영 방송 실시 시 방송 문구에 맞추어 인사하는 경우 45°의 정중례를 한다.

출처: 교육부, 2016, NCS 승객탑승 및 이륙 전 서비스 학습모듈

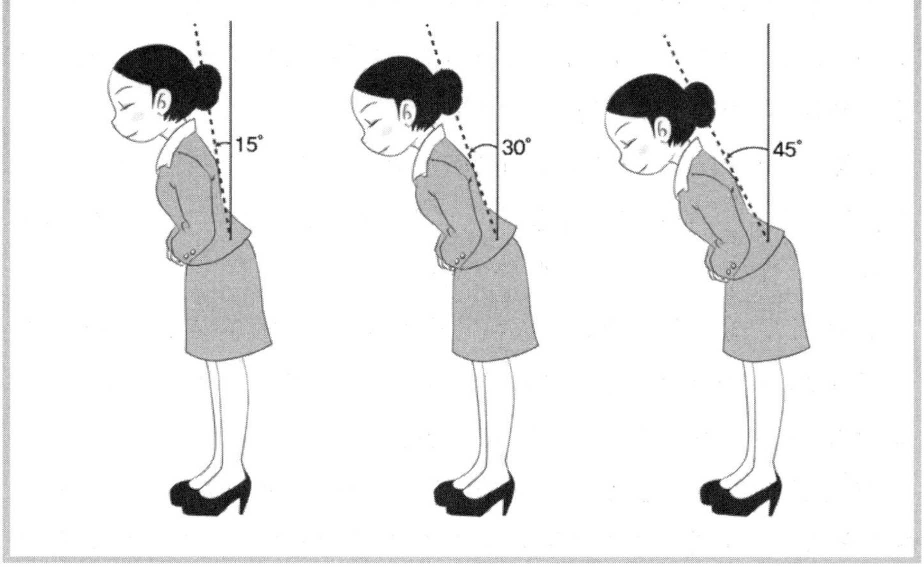

2. 항공기내음료서비스

1) 기내식음료

(1) 기내식음료의 특성

기내식음료는 비행 중 승객에게 제공되는 모든 식음료를 말하는 것으로 승객이 항공사의 서비스에 대해 갖는 이미지와 깊은 연관이 있으며, 최근 고급화, 차별화로 특색 있게 경쟁하고 있는 부분이다.

수준 높고 세련된 기내식음료서비스는 승객에 의해 평가되는 항공사의 전체적인 서비스의 질을 좌우하는 역할을 한다.

(2) 기내식

기내에서 제공되는 식사를 의미하며, 일반적으로 식사의 메인 디시(main

dish)를 앙트레(entrée)라고 한다. 앙트레는 오븐에서 가열하기 위해 식사 트레이와 별도로 탑재되므로 예약 승객 수에 알맞은 앙트레와 식사 트레이가 탑재되었는지 지상에서 수량을 확인한다.

또 종교상의 이유나 건강상의 이유로 승객이 사전 요청한 특별식이 탑재되었을 경우에는 해당 식사의 탑재 여부 및 개수가 승객의 사전 요청 내용 및 수량과 일치하는지 정확하게 확인한다.

기내식에서 앙트레는 주로 서양식에 근간을 두고 개발되지만, 이러한 양식 이외에도 한식, 일식, 중식, 기타 현지 메뉴 등 항공사 및 운항노선의 특징에 따라 다양한 기내식이 제공되기도 한다.

식사뿐만 아니라 다양한 스낵이 제공되기도 하므로 운항노선에 따라 탑재 여부를 지상에서 파악하여 이륙 후 원활한 서비스가 이루어질 수 있도록 해야 한다.

기내식은 운항노선 및 비행시간, 객실 등급에 따라 서비스되는 내용이나 종류가 다르므로 이를 인지하고 승객 탑승 전 해당 내용을 사전에 정확히 파악해야 한다.

① 일등석(first class)

코스별 서비스를 제공하며, 3~4개의 주요리 중에서 승객이 한 가지를 선택한다.

② 비즈니스석(business class)

세미(semi) 코스 형식으로 서비스하며, 승객에게 보여주며(presentation) 서비스를 한다. 3~4개의 주요리 중에서 승객이 한 가지를 선택한다.

③ 일반석(economy class)

한상차림(pre-set tray) 방식으로 서비스하며, 보통 2~3개의 식사 종류 중에서 승객이 선택할 수 있다.

(3) 기내음료

기내에서 서비스되는 음료를 의미하며 주스, 차, 생수, 소프트드링크(soft drink), 알코올음료, 와인 등이 있다.

기내에서는 식사서비스 전에 식욕을 돋우기 위한 식전 음료로 각종 주류, 소프트드링크 등은 물론, 식사 중 식욕을 돋우는 고급 와인이나 승객의 요구에 따라 다양한 음료가 제공된다.

노선별, 비행(flight)별로 다양한 종류의 비알코올음료와 알코올음료가 있다.

음료서비스는 기본적으로 식사서비스 시점을 기준으로 식전에 식전주를 제공하고 식사 중에는 와인이나 맥주, 기타 음료를 제공하며 식후에는 커피와 차(tea)류를 제공한다.

2) 기내식음료의 준비

(1) 기내식음료 제조 및 탑재

- 기내식은 각 항공사마다 승객들의 다양한 기호에 부합되는 식음료를 계획, 구입, 관리, 제조, 공급 등을 전담하는 기내식 제조회사에 의해 해당 항공편에 탑재된다.
- 대단위 승객 수를 감안하여 비행기의 탑재공간을 최소화하고 효율적인 재활용을 위해 노력하고 있다. 또 항공사마다 각 고유의 이미지를 살려 전용 기물을 디자인, 제작하여 사용하고 있다.
- 기물은 음식을 담는 일인용 식기류에서부터 트레이(tray), 카트(cart), 캐리어 박스(carrier box) 등 항공기 내 전용 서비스 기물 및 용기를 이용하여 항공기까지 운반되며, 항공기 내부의 갤리(주방)에 탑재된다.

(2) 기내식음료 관리

- 기내식이 탑재되어 보관, 관리되는 갤리(주방)는 항상 청결하게 위생 상태를 유지하며, 승무원은 항상 위생에 대한 의식을 가지고 서비스해야 한다.
- 비행 중 신선도가 필요한 모든 기내식은 항공기에 장착된 냉장(chiller) 장비를 이용하거나 드라이아이스를 이용하여 신선도를 유지한다.
- 갤리(주방)에는 오븐, 커피메이커, 물을 가열할 수 있는 워터 보일러 시스템(water boiler system) 등 기본적인 주방 시스템을 갖추고 있어 가열하거나 데워서 제공한다.

출처: 교육부, 2016, NCS 승객탑승 전 준비 학습모듈

3) 기내음료서비스

음료(beverage)는 인간의 생활에 절대적으로 필요한 것으로 음식을 제외한 마실 수 있는 모든 것을 음료라고 할 수 있다.

항공기내에서의 음료는 갈증해소, 수분 섭취 등과 같은 음료의 기본적인 역할 이외에 기내식과 함께 여행의 즐거움과 장거리 여행의 지루함을 달래주고, 3만 피트 이상 상공에서의 새로운 경험과 문화를 접하는 계기가 된다.

음료는 항공사 객실승무원이 승객들에게 다가가는 표현방법으로 생수를 비롯하여 다양한 음료를 제공함으로써 관심과 친절함을 전달할 수 있다.

다양한 음료가 준비되어 있는 만큼 음료별 특성에 맞게 서비스해야 하며 한국의 전통음료인 경우 한국의 맛과 문화를 세계에 알리는 기회 제공의 장이 될 수 있다.

- 기내음료는 기내식 서비스 시점을 기준으로 식전음료(aperitif)를 제공

하고 식사 중에는 식사메뉴의 형태에 따라 와인이나 기타 음료를 제공하며, 식후에 커피와 차(tea)류를 제공한다. 그리고 비행 중 승객의 요구에 따라 다양한 종류의 비알코올음료와 알코올음료를 제공한다.

- 기내음료서비스의 대표적인 방법은 첫 번째 식사서비스를 할 때 기내에 준비된 다양한 음료를 승객에게 직접 보여주고 소개하며 제공하는 프레젠테이션(presentation) 형식의 서비스이다.

출처: 교육부, 2016, NCS 승객탑승 전 준비 학습모듈

객실서비스용품 탑재상태 점검

사진 출처: 교육부, 2016, NCS 승객탑승 전 준비 학습모듈

4) 기내음료의 종류

서양의 음료문화는 식사의 순서에 따라 식전에는 식욕을 돋우기 위한 가벼운 음료를 마시고, 식사 중에는 음식의 맛을 더욱 즐기기 위한 음료를 마시며, 식사 후에는 소화를 돕는 음료를 마시는 등 식사와 음료가 유기적으로 결합되어 있다.

음료들은 나라별로 특색 있게 발전되었고, 마시는 습관도 다르게 형성되어 각각의 독특한 음료문화를 가지게 되었다.

음료는 크게 알코올성 음료와 비알코올성 음료로 구분한다.

음료는 알코올이 1% 이상 함유된 것을 알코올성 음료(Alcoholic beverage)라 하고 알코올이 전혀 함유되지 않은 것을 비알코올성 음료(Non-alcoholic beverage)라고 한다.

알코올성 음료는 일반적으로 술을 의미하고, 양조주, 증류주, 혼성주로 나누며 비알코올성 음료는 청량음료, 영양음료, 기호음료 등으로 나눈다.

(1) 알코올성 음료(Alcoholic beverage)

① 양조주

양조주는 발효주라고도 하며 알코올 발효가 끝난 술을 직접 혹은 여과하여 마시는 술로서 알코올 농도가 낮고 엑스분(extractives) 함량이 높다. 발효는 효모가 직접 작용할 수 있는 당분이 있어야 하는데 포도 · 사과 등과 같이 과실 자체의 당분이 직접 발효되면 단발효주이고, 탁주 · 약주 · 청주 · 맥주와 같이 전분이 주성분인 곡류를 당화시킨 후 발효공정을 거치는 것을 복발효주라고 한다.

- **항공기에 탑재되는 양조주의 종류 :** 와인(스틸와인, 스파클링와인, 셰리와인, 포트와인), 맥주, 기타

② 증류주

증류주는 양조주를 증류하여 만든 것으로 알코올 농도가 높고 엑스분 함량이 낮다. 증류는 물의 끓는 점(100℃)과 알코올의 끓는 점(78℃)의 차이를 이용하여 고농도의 알코올을 얻는 방법으로 단식증류(Pot still)와 연속식 증류(Patent still)가 있다. 단식증류는 밀폐된 솥과 관으로 구성되어 있으며 구조가 간단하여 원료의 맛과 향의 파괴가 적은 반면 연속식 증류는 현대식 자동시설로 대량생산이 가능하고 높은 온도에서 증류를 하기 때문에 양조주 본연의 맛과 향의 손실이 크다는 단점이 있다.

- **항공기내에 탑재되는 증류주의 종류 :** 위스키[스카치위스키(몰트위스키, 블렌디드위스키), 캐나디안위스키, 버번위스키], 브랜디, 보드카, 럼, 진

③ 혼성주

혼성주는 양조주, 증류주를 원료로 하여 주정에 색, 향, 맛을 내는 재료(과일, 향료, 약초 등)와 가당해서 만드는 술로 리큐르(Liqueur)라고 하며, 프랑스와 유럽에서는 '리큐르(Liqueur)', 독일에서는 '리쾨르(Likör)', 영국과 미국에서는 '코디얼(Cordial)'로 불린다. 리큐어의 어원은 라틴어의 '리케파케레(Liquefacere, 녹이다)'에서 유래한 프랑스어로 사용되는 원료에 따라 약초·향초계·과실계·종자계·특수계로 나눠진다.

- **항공기내에 탑재되는 혼성주의 종류 :** Baileys, Cointreau, Creme de Menthe, Creme de Cassis, Campari

(2) 비알코올성 음료(Non-alcoholic beverage)

① 청량음료

청량음료는 탄산가스의 주입여부에 따라 탄산음료(Carbonated)와 비탄산음료(Non-carbonated)로 구분된다.

- **항공기내에 탑재되는 청량음료의 종류 :** 물(생수, 어린이용 생수, Perrier 탄산수), 소프트드링크(Coke/Diet Coke, 7-UP/Diet 7-UP, Ginger Ale, Soda Water, Tonic Water)

② 영양음료

영양음료는 과실즙이나 설탕 등을 넣고 가공해서 만든 음료로 일반적으로 과일주스와 우유 등으로 구분된다.

- **항공기내에 탑재되는 영양음료의 종류 :** 주스(Orange Juice, Pineapple Juice, Tomato Juice, Apple Juice, Guava Juice), 우유(Milk, Low Fat Milk)

③ 기호음료

기호음료는 크게 커피와 차 종류로 구분할 수 있다.

커피는 커피나무의 열매 속에 들어 있는 씨앗을 가공하여 만든 음료이며, 차는 차나무에서 채집한 찻잎으로 만든 것을 의미한다.

일반적으로 차 대신 열매, 과실, 줄기, 뿌리, 꽃을 사용하여 만든 차는 대용차로 재료명과 차를 합성하여 말한다. 대용차로는 국화차, 레몬차, 보리차, 옥수수차, 생강차, 마테차 등이 있다. 보통 차의 종류는 크게 제다과정에 따른 산화 정도 즉 색상에 따라 크게 녹차, 백차, 청차, 황차, 홍차, 흑차 등의 6개로 구분하고 있다.

- **항공기내에 탑재되는 기호음료의 종류 :** 커피(Instant Coffee, Brew Coffee, Decaffeinated Coffee, Espresso Coffee, Cappuccino Coffee 등등) 녹차(일본녹차, 한국녹차), 홍차(다즐링, 얼그레이, 립톤), 우롱차, 인삼차, 전통음료, 기타

출처 : 교육부, 2016, NCS 식음료주문 학습모듈

5) 기내음료서비스의 원칙과 자세

(1) 음료서비스 원칙

① 주문받을 때

- 제공되는 메뉴 및 음료의 내용을 숙지하고 승객의 기호와 취향에 맞게 적극적으로 추천한다.
- 추천할 때 가급적 외래어나 전문용어 사용은 피하며 이해하기 쉽도록 설명한다.
- 준비시간이 오래 걸리는 음료를 주문받을 때에는 반드시 소요시간을 알려준다.
- 주문받을 때 메모지나 주문서(order chart)를 지참하여 주문내용을 승객 앞에서 메모하고 읽어주어 재확인한다.

② 서비스할 때

- 음료를 제공할 때에는 주문한 내용을 확인하여 착오가 없도록 한다.
- 음료를 제공하기 전에 먼저 승객의 식사 테이블을 펴는데 창가 승객에게는 양해를 구해 승객이 직접 식사 테이블을 펴도록 권유한다.
- 창가 승객부터 서비스하며, 남녀 승객이 같이 앉아 있는 경우라면 여자 승객에게, 어린이동반 승객, 노인 승객에게 먼저 주문을 받고 서비스한다.
- 승객을 정면에서 응대하는 것을 원칙으로 하되 왼쪽 승객에게는 왼손으로, 오른쪽 승객에게는 오른손으로 제공한다. 뜨겁거나 무거운 것을 제공할 때에는 편한 손으로 제공해도 무방하다.
- 모든 음료서비스는 카트(cart) 서비스를 제외하고 반드시 트레이에 준비하여 서비스하며, 승객에게 전달할 때 서비스 아이템(item)은 허리 중앙에 위치하여 허리 밑으로 떨어뜨리지 않도록 한다.

- 음료는 승객의 식사 테이블(tray table) 오른쪽에 칵테일 냅킨을 깔고 올려놓고, 음료 왼쪽에 견과류를 서비스한다. 음료를 캔으로 제공할 경우 캔은 컵의 왼쪽에 놓는다.
- 모든 음료를 제공할 때에는—식사 트레이(meal tray) 위에 제공할 때를 제외하고—칵테일 냅킨을 받쳐서 제공한다.
- 로고(logo)가 새겨져 있는 컵, 칵테일 냅킨 등은 로고가 승객의 정면에 오도록 한다.
- 글라스나 컵을 승객에게 서비스할 때에는 컵의 하단 쪽 혹은 글라스의 스템(stem) 부분을 손끝으로 안정되게 잡는다.
- 모든 음료는 뜨겁게 서비스해야 할 것은 뜨겁게, 차갑게 서비스해야 할 것은 차갑게 제공한다.
- 잔에 얼음을 넣을 때에는 얼음을 먼저 넣고 음료를 그 위에 따른다.
- 어린이 승객 및 장애 승객에게 음료를 제공할 때에는 컵의 1/2~2/3만 채워 제공하고 더 제공한다는 안내를 한 후, 잠시 후 같은 양으로 리필(refill)한다.
- 비행 중 승객의 요구에 따라 모든 음료의 제공이 가능하나 알코올음료의 경우에는 만취승객이 발생하지 않도록 유의하여 제공한다.

③ 회수할 때

- 서비스한 식음료를 회수할 때에는 승객의 만족도 및 리필 여부를 확인하고 회수해도 좋은지를 반드시 물어본 다음에 회수한다.
- 회수는 제공한 순서와 동일한 순서로 하는 것을 원칙으로 하되 승객이 요구할 때에는 먼저 회수한다. 식사가 일찍 끝난 승객에게는 승객의 의향을 물어 먼저 회수한다.
- 통로 쪽 승객부터 회수하되, 창가 승객이 먼저 끝난 경우에는 통로 쪽

승객에게 양해를 구한 후에 회수한다.

- 음료를 서비스할 때와 회수할 때에는 절대로 승객의 머리 위를 스쳐 지나가면 안 된다.

(2) 음료서비스 자세

- 항상 밝은 표정과 명랑한 태도로 올바른 서비스 매너를 갖추어 승객을 응대한다.
- 용모와 복장은 항상 청결하고 단정하게 한다.
- 서비스 시작 전후에 반드시 손을 씻고 청결을 유지한다.
- 서비스 전에는 손에 로션을 바르지 않으며 향수를 지나치게 많이 사용하지 않도록 한다.
- 가니시(Garnish, 레몬 슬라이스 등)는 갤리(주방)에서 비닐장갑을 착용하고 준비한다.
- 서비스 도중에 머리를 쓰다듬거나 코를 만지지 않는다.
- 승객의 요구에 응하지 못할 경우에는 사유를 설명하고 그에 상응하는 것을 대신 권유한다.
- 반드시 손님과 눈을 맞추고 바른 자세로 한마디라도 대화를 하며 서비스하도록 한다.
- 음료서비스를 할 때 손가락을 가지런히 모은다. 동작의 속도는 갈 때는 보통, 일시 정지(stop motion), 되돌아올 때는 천천히 하며, 고객 응대의 시작과 끝마무리에는 눈맞춤을 한다.

출처: 교육부, 2016, NCS 비행 중 서비스 학습모듈

6) 기내음료서비스 방법

식사 전의 음료는 항공사에 따라 서비스 방법에 차이는 있으나 대체적으로 출발시간과 비행시간, 그리고 식사시간대에 따라 트레이 또는 카트(cart)를 이용하여 서비스한다.

칵테일 제조에 관한 충분한 지식을 가지고 기물 취급요령 및 서비스 원칙, 자세에 유의하여 서비스한다.

(1) 주류 카트(liquor cart)를 이용한 음료서비스

- 일반적으로 비행시간 3시간 이상인 구간에서 1차 식사서비스 전에 실시하며, 모든 음료를 카트 위에 준비하여 프레젠테이션하며 서비스하는 형식이다.
- 탑재된 주류 카트의 상단에 각종 음료를 세팅하고 카트의 하단 전 · 후면에 음료서비스에 필요한 물품을 준비한다.
- 모든 음료 및 주류는 상품의 명칭이 승객에게 바로 보일 수 있도록 준비한다.
- 음료 카트도 승객에게 보이는 부분이므로 카트 외부를 청결히 준비한다.
- 아침 식사(breakfast) 및 브런치(brunch)의 경우 식전 음료(aperitif)로 커피와 차 등 뜨거운 음료(hot beverage)를 함께 제공한다.
- 승객에게 제공되는 음료의 종류를 간략히 설명한 후 주문을 받는다.
- 카트에 준비되지 않은 음료는 갤리(주방)에서 별도로 준비하여 서비스하며, 기내에서 서비스되지 않는 음료는 양해를 구하고 다른 음료를 권한다.
- 서비스 흐름에 따라 2회 이상 충분히 리필한다.

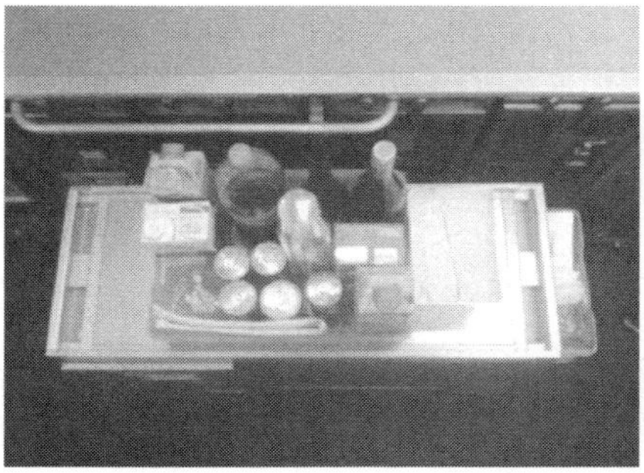

카트 상단

카트 내부

사진 출처 : 교육부, 2016, NCS 비행 중 서비스 준비 학습모듈

카트 상단	와인류, 주류, 주스류, 소프트드링크, 믹서류, 우유, 생수 레몬 슬라이스, 머들러, 플라스틱 컵 얼음, 얼음통, 얼음집게
카트 내부	체리, 올리브, 칵테일 픽, 우스터소스, 타바스코소스 등 소스류 견과류, 칵테일 냅킨 견과류, 머들러 맥주, 콜라, 7-Up 우유, 생수, 플라스틱 컵 주스류, 믹서류 다이어트 탄산음료

(2) 서빙 카트(serving cart)를 이용한 음료서비스

- 주류 카트가 탑재되지 않는 구간에서 식전 음료를 제공하거나 2차 식사 서비스가 있는 노선에서 2차 식사서비스 전에 음료를 제공할 때 사용한다.
- 카트 상단에 매트를 깔고 음료 등 주류 카트의 내용물을 상단, 중단에 세팅한다.
- 서비스 시점에 따라 뜨거운 음료(hot beverage), 머들러 박스(muddler box), 종이컵 등도 세팅한다.
- 서비스 방법은 주류 카트를 이용한 서비스와 동일하다.

(3) 트레이를 이용한 음료서비스

- 장거리 노선의 2차 기내식 서비스 전이나 착륙 전 음료서비스 때, 그 밖에 비행 중 승객 휴식 중 수시로 음료를 제공할 때 사용한다.
- 대형 트레이에 차게 준비한 각종 주스류, 소프트드링크류 등의 모든 음료를 플라스틱 컵에 따르고 한쪽에 칵테일 냅킨을 준비한다.
- 바스켓에 견과류 등 스낵류를 준비하여 승객에게 제공한다.
- 기종별 서비스 순서에 따라 구역(zone)별 또는 통로(aisle)별로 제공한다.
- 담당 승무원이 준비된 트레이를 담당 구역별로 들고 나가 승객으로 하여금 음료와 칵테일 냅킨을 직접 집도록 유도하여 제공한다.
- 준비되지 않은 음료를 주문할 경우 갤리(주방)에서 별도로 준비하여 제공한다.
- 갤리(주방) 담당 승무원은 음료서비스가 진행되는 동안 수시로 점검하여 사용한 컵을 회수하며, 회수할 때에는 리필 여부를 확인하여 원하는 승객에게 별도로 제공한다(뜨거운 음료는 적정 온도로 제공되도록 한다).

출처: 교육부, 2016, NCS 비행 중 서비스 학습모듈

서빙 카트 이용

트레이 이용

음료서비스 방법

사진 출처: 교육부, 2016, NCS 비행 중 서비스 학습모듈

기내음료서비스 기물 취급요령(service standard motion)

(1) 트레이(tray)

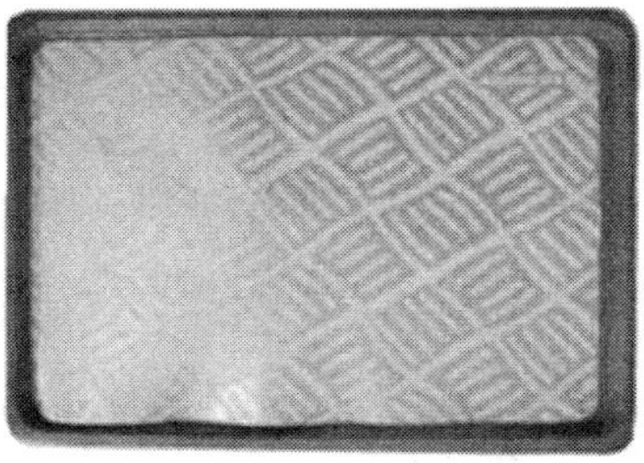

트레이(tray)

사진 출처: 교육부, 2016, NCS 비행 중 서비스 학습모듈

- 사용 전 트레이 매트를 깔아 서비스용품이 미끄러지는 것을 방지한다.
- 엄지손가락은 트레이의 긴 쪽을, 나머지 손가락은 아랫부분을 받쳐 잡는다.
- 트레이를 잡을 때에는 긴 쪽이 통로와 평행이 되도록 한다. 트레이를 드는 높이는 가슴과 수평이 되도록 하며 그보다 낮거나 높게 들지 않는다.
- 승객에게 트레이 밑면이 보이지 않도록 하며 옆구리에 끼거나 흔들고 다니지 않는다.
- 회수할 때 트레이의 위치는 통로(aisle)와 평행이 되도록 잡고 항상 통로 쪽에 위치하도록 한다.

- 트레이를 회수할 때 회수한 아이템은 몸의 가까운 쪽부터 놓는다. 특히, 무거운 것이나 부피가 큰 것은 몸 쪽으로 놓는 것이 안전하다.

(2) 컵(cup)

- 엄지손가락, 집게손가락, 가운뎃손가락으로 아랫부분을 잡고 넷째 손가락, 새끼손가락은 밑바닥을 받친다.
- 항공사 로고(logo)가 있는 경우 로고가 승객의 정면에 오도록 한다.
- 입이 닿는 컵의 윗부분은 만지지 않으며 안쪽에 손가락을 넣으면 안 된다.
- 승객 식사 테이블 위에 컵을 놓을 때 소리가 나지 않도록 하고 반드시 코스터나 냅킨을 깔고 서비스한다. 놓은 후에는 승객 앞으로 살며시 민다.
- 음료서비스할 때 스템(stem)이 있는 글라스는 스템(stem)을 잡는다.

출처 : 교육부, 2016, NCS 비행 중 서비스 학습모듈

글라스의 종류 : 텀블러 / 와인 / 브랜디 / 리큐르 / 샴페인(왼쪽부터)

사진 출처 : 교육부, 2016, NCS 비행 중 서비스 학습모듈

7) 항공사의 기내음료 특별서비스

(1) 바리스타

아시아나항공이 제공하는 특별서비스의 하나로 전문 핸드드립 바리스타 승무원이 신선한 원두로 손님 앞에서 직접 커피를 추출 · 시연하여 향기롭고 고급스런 커피를 제공하는 서비스이다.

퍼스트클래스와 비즈니스클래스에서는 전문 핸드드립 서비스로 핸드드립의 특성상 고객 앞에서 커피를 추출하고 시연하여 커피 아로마(aroma)를 공감각적으로 느낄 수 있으며 이코노미클래스 승객에게는 원하시는 승객에 한하여 개별 서비스한다.

사진 출처 : 아시아나항공 홈페이지(http://flyasiana.com)

(2) 소믈리에

아시아나항공에서 제공하는 특별서비스의 하나로 항공기의 전 클래스에서 와인 소믈리에 자격을 갖춘 승무원이 와인서비스를 제공한다.

내용으로는 와인 테이스팅, 와인 디캔팅, 와인문화 체험 등이 있다.

사진 출처 : 아시아나항공 홈페이지(http://flyasiana.com)

(3) 칵테일 서비스

아시아나항공에서 제공하는 특별서비스의 하나로 항공사의 조주기능사 자격증을 보유한 승무원들이 창작 칵테일 및 노선별 다양한 칵테일을 손님께 직접 조주하여 서비스한다.

칵테일의 종류는 다음과 같다.

- 오즈 블러섬(Oz Blossom) : 보드카 + 유자청 + 오미자 + 레몬즙
- 그린나래(Green Wing) : 럼 + 라임주스 + 유자청 + 애플민트
- 오즈펀치(Oz Punch) : 무알코올 과일펀치

사진 출처 : 아시아나항공 홈페이지(http://flyasiana.com)

(4) 말차 서비스

전일본공수 ANA의 일등석 기내에서 처음으로 제공하는 말차 서비스이다.

향이 뛰어나고 부드러운 이토엔의 말차로 승객들이 일본의 차문화를 느껴 주시기를 바라는 마음으로 찻잔 또한 엄선하였다.

일본 도자기 탄생 400주년을 맞은 아리타야키의 찻잔으로 말차를 즐길 수 있으며 서비스 기간은 2016년 6월부터 8월까지였다.

사진 출처 : 전일본공수 홈페이지(http://www.ana.co.jp)

(5) Air Tea House

에어티하우스(Air Tea House)는 중국남방항공의 일등석 기내에서 실시하는 중국의 차 중심 특별서비스이다. 중국남방항공의 에어티하우스는 중국의 고위 차 평가자에 의해 직접 운영된다.

중국에는 정부 공인의 티 전문가 자격증을 보유한 많은 엘리트가 있는데 그들이 항공기내에서 승객들에게 전통 차문화와 차 예절을 선보이는 서비스이다. 100년 이상의 역사를 가지고 있는 몇몇 중국 티하우스는 중국 차 의식 안에 "사람과 자연의 조화", "법 없이 존재하는 도"의 매력과 거리를 보여주며 훌륭한 차 전문가들이 높은 등급의 차를 제공한다.

중국남방항공 탑승객들은 고급 차의 향뿐만 아니라 차 예법의 정수를 느낄 수 있다.

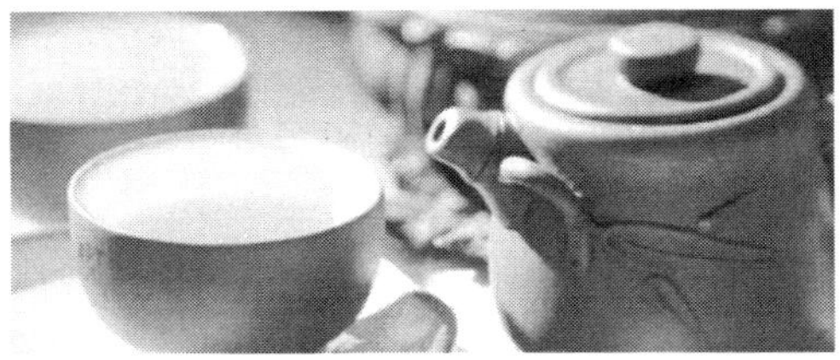

사진 출처 : 중국남방항공 홈페이지(www.csair.com)

(6) Afternoon tea-inspired by tradition(전통이 깃든 애프터눈 티)

영국항공(British Airways)의 퍼스트클래스에서는 영국 전통의 애프터눈 티(Afternoon tea) 서비스를 실시하고 있다. 애프터눈 티(Afternoon tea)는 1830년 이후 영국의 전통으로 자리 잡았으며 샌드위치, 스콘, 케이크 등의 티 푸드와 함께 오후 4시경에 즐기는 영국의 화려하고 고급스러운 티타임이다.

빅토리아시대 때 많은 이들이 즐기던 고급 샌드위치, 화려한 케이크, 다채로운 페이스트리 중 하나를 선택하면 홍차와 함께 제공해 드리는 서비스이다.

서비스되는 양이 부족하다면 따뜻한 스콘, 잼, 클로티드 크림(clotted cream)과 함께 Twinings(트와이닝)의 특수 블렌딩 차를 추가로 즐겨볼 수 있다. 영국 홍차의 맛과 전통을 음미하실 수 있는 영국항공만의 특별한 서비스라고 할 수 있다.

사진 출처 : 영국항공 홈페이지(www.britishairways.com)

3. 항공기내 티(tea) 서비스

기내식음료가 탑재되어 보관 · 관리되는 곳을 갤리(galley, 주방)라고 하며 항상 청결하게 유지해야 한다.

비행 중 신선도가 필요한 모든 기내식음료는 항공기에 장착된 냉장(chiller) 장비를 이용하거나 드라이아이스를 이용하여 신선도를 유지한다.

또 갤리에서는 오븐이나 커피메이커, 물을 가열할 수 있는 워터 보일러 시스템(water boiler system) 등 기본적인 주방 시스템을 갖추고 있어 탑재된 기내식음료를 뜨겁게 가열하는 것이 가능하며 오븐도 있어 식사를 데워서 서비스할 수 있다.

뜨겁게 제공해야 하는 것은 뜨겁게 제공하고 차갑게 제공해야 하는 것은 차갑게(chilling)하여 제공한다.

식음료 제공 시에도 각 클래스별로 정해진 기물, 기내 용품을 사용하여 준비하게 되는데, 서비스 시작 전에 기물 및 기내 용품의 청결도 및 상태를 점검하여 사용하고 다음 편수에 인수인계할 기물이나 기용품은 사용 후 세척하여 정위치에 보관한다.

따라서 이러한 기내식음료의 서비스를 전담하는 승무원들은 기내 식음료 서비스 시작 전 기물이나 식음료의 탑재 여부를 정확히 파악해야 한다. 그 밖에 손을 깨끗이 씻는 등 항상 위생에 대한 의식을 갖고 서비스해야 한다.

출처 : 교육부, 2016, NCS 승객 탑승 전 준비 학습모듈

항공기 갤리(주방)의 모습

사진 출처 : 교육부, 2016, NCS 승객 탑승 전 준비 학습모듈

티(tea)와 커피(coffee) 서비스

(1) 갤리(galley)에서 티(tea)와 커피(coffee) 서비스 준비

- 커피메이커 장비에 찌꺼기 등이 남지 않도록 브루(brew) 전후에 세척한다.
- 커피는 신선한 맛을 위해 서비스 직전에 브루(brew)하여 준비한다.
- 포트 내 · 외부의 청결상태를 확인한 후 뜨거운 물로 따뜻하게 준비한다.
- 커피 서비스 시 포트에 커피를 준비하고 소형 트레이에 설탕, 크림 등을 추가로 준비한다.
- 차(tea)류 서비스를 위해 포트에 뜨거운 물을 준비하고, 트레이에는 각종 티백(tea bag)류를 준비한다.

티 서비스 준비

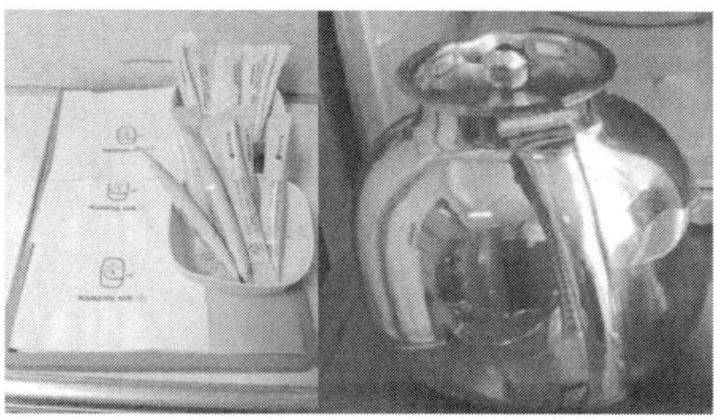

커피 서비스 준비

사진 출처: 교육부, 2016, NCS 승객 비행 중 서비스 학습모듈

(2) 티(tea)와 커피(coffee) 서비스

- 디저트(dessert)와 함께 드실 수 있도록 승객의 취식 정도를 감안하여 적당한 시점에 식사 트레이 서비스와 같은 순서로 서비스한다.
- 항상 뜨거운 상태로 서비스하도록 한다.
- 차(tea)류 서비스의 경우 승객이 직접 소형 트레이 위에 컵을 올려놓고 승무원이 통로(aisle)에서 뜨거운 물을 따른 후 필요한 차(tea)류, 설탕 등을 승객이 직접 집도록 권유한다. 이때 레몬을 적극 서비스한다.
- 승객에게 제공할 때 트레이를 낮추어 승객이 컵을 잡기 쉽도록 배려한다.
- 뜨거운 음료는 잔의 70~80% 정도로 제공하며, 어린이 승객에게 제공할 때에는 각별히 유의하여 잔의 50~60% 정도를 제공한다.

- 뜨거운 음료는 최소 1회 이상 리필한다.

출처 : 교육부, 2016, NCS 승객 비행 중 서비스 학습모듈

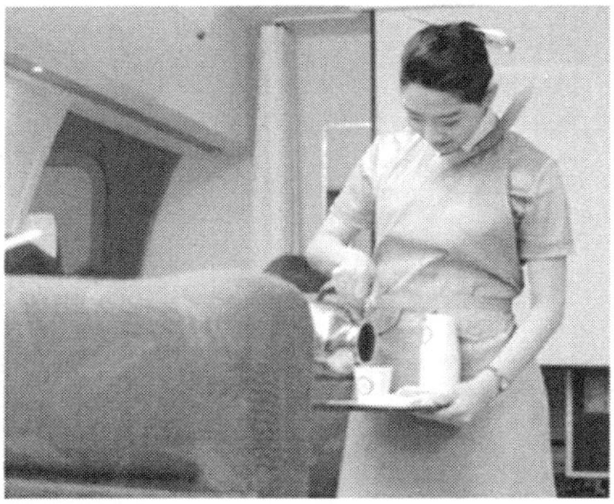

티(tea)와 커피(coffee) 서비스

Chapter
3

차의 정의와 역사

Chapter 3

차의 정의와 역사

1. 차의 정의

“차 한잔 하시겠습니까?” “차 한잔 드실래요?” 영어로는 “Would you like some tea?”라는 말들을 평소에 많이 사용한다. 요즈음 뜨거운 물에 우리거나 끓여서 마시는 모든 음료를 통틀어 차라고 한다. 예를 들어 유자차, 생강차, 모과차 같은 한방차는 물론이고, 심지어 커피茶를 말하기도 한다.

하지만 차(茶)는 차나무의 잎이나 순을 재료로 만든 찻물, 마실거리 즉 음료이며 많은 음료 중 한 종류이다.

우리가 마시는 차(茶)의 정확한 의미는 다산 정약용의 『아언각비(雅言覺非)』 내용처럼 차나무의 잎이나 순을 따서 만든 마실거리이며, 산화나 가공방법에 따라 녹차를 비롯하여 홍차, 청차, 백차, 황차, 흑차를 말하는 것이라고 할 수 있다.

차나무는 *Camellia sinensis* (L.) O.Kuntze라는 차나무과에 속하는 늘 푸른 상록수이다. 차나무는 식물학적으로 크게 20m 이상 자라는 교목과 2m가 넘지 않는 관목이 있다. 차나무의 원산지로 알려진 중국의 운남성에는 높이 32.1m(수령 1700년)에 달하는 오래된 차나무가 있다. 이렇게 키가 큰 차나무는 농업적 · 유전적 변이를 거쳐 재배와 수확이 편리한 키 작은 관목으로 변화되었다고 볼 수 있다.

차나무의 품종은 차나무 잎의 크기에 따라 직경 25cm 내외의 대엽종(인도대엽종)과 3cm 정도의 소엽종(중국소엽종), 그 외 아삼종, 샨종이 있다.

중국의 차나무 : 교목

중국의 차나무 : 관목

우리나라 차나무의 꽃은 10월에서 12월 사이에 흰색의 꽃이 피고 이듬해 같은 시기에 열매를 맺는다. 종자는 형님, 꽃은 동생으로 종자와 꽃이 같이 피고 맺히기는 것을 볼 수 있기 때문에 형제상봉수(兄弟相逢樹), 실화상봉수(實花相逢樹)라고도 한다.

차나무의 품종과 특성을 고려하여 산화 정도와 그 외 다양한 방법으로 여러 가지 종류의 차 상품을 만들게 된다. 다양한 제다방법을 조합하여 만들어지는 차는 녹차(綠茶), 홍차(紅茶), 청차(青茶), 백차(白茶), 황차(黃茶), 흑차(黑茶), 즉 6대 분류로 나눌 수 있다.

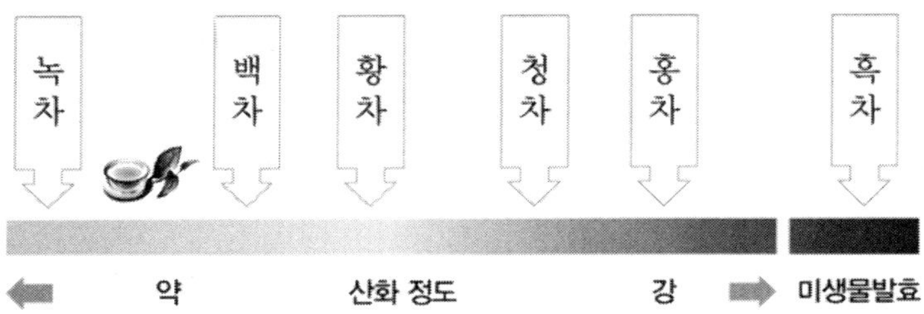

차의 종류

2. 차의 역사

차나무를 처음 발견하고 제일 먼저 찻잎을 사용한 나라, 즉 차의 원산지는 중국으로 알려져 있다.

차의 기원으로는 여러 가지가 있는데 그중 가장 잘 알려진 것은 중국에서 가장 오래된 약서(藥書)인 『신농본초경』으로 이 책에 의하면 “신농은 백초(百草)를 맛보고 약효를 시험하여 하루에도 72회나 독을 만났으나 도(荼)를 손에 넣어 해독하였다”고 한다. 신농은 고대 중국의 전설적인 제왕 3황5제(三皇

五帝)의 한 사람이며 농업의 신이자 의학의 신으로 처음 차를 마시고 그 뒤 노(魯)나라의 주공(周公)에 이르러 널리 차가 알려졌다고 기술되어 있다.

여기서 알 수 있는 것은 차를 처음에는 음료로 마신 것이 아니라 약용식물로 사용했다는 것이다.

한편 중국에서 가장 오래된 시가집인 『시경(詩經)』(기원전 1100~기원전 600년경)에는 많은 식물의 이름이 나오지만 차는 없다. 그 이유는 '차(茶)'라는 문자도 없었을뿐더러 당대 이전까지 차는 '도(荼)'로 표현되었기 때문이다.

출처 : 이광주, 동과 서의 차 이야기

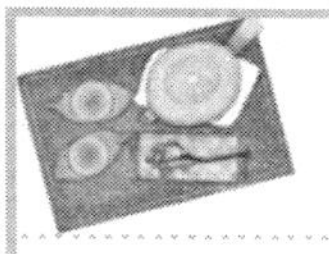

차를 의미하는 한자

- **茶** : 차 또는 다, **荼** : 도, **茗** : 명
- **茶** : '차' 또는 '다'로 활용방법
  - 순수한 우리말의 복합어일 때는 '차'로 발음
    - 예 차를 마시다, 차나무, 찻잎, 찻물, 차밭 등
  - 한자와 복합어일 때는 '다'로 발음
    - 예 다반사(茶飯事), 다과(茶菓), 다구(茶具), 다식(茶食), 다원(茶園), 다방(茶房), 다완(茶碗), 다관(茶罐), 다경(茶經) 등
  - '차'라는 말 앞의 접속사가 생략되어 한 개의 단어로 보편화된 경우 '차'로 발음
    - 예 녹차(綠茶), 홍차(紅茶), 작설차(雀舌茶), 설록차(雪綠茶), 춘설차(春雪茶) 등
  - '차'와 '다'를 함께 사용하는 경우
    - 예 茶禮(차례, 다례), 茶壺(차호, 다호) 등

차는 처음 중국에서 마시기 시작하여 육로와 해로를 통해 세계 각국으로 전해졌다. 불교문화가 융성했던 당시 승려들이 불교를 전파하면서 정신을

맑게 하고 잠을 없애주는 수양의 도구로 이용한 차도 함께 전파되었다. 우리나라에는 여러 가지 설이 있지만 『삼국사기』에 신라 42대 흥덕왕 3년(828) 당나라에 사신으로 갔던 대렴이 차씨를 가져와 지리산 일대에 심었던 것으로 전해진다.

220년경 베트남, 미얀마, 라오스, 태국에 차가 전파되기 시작했으며 일본에는 805년 승려인 사이조우 선사에 의해 전해졌다. 사이조우 선사는 중국에서 불교를 배우고 돌아오는 길에 차 종자를 일본으로 가져와 자가현 고쿠다이산 기슭에 심었으며 그 이후 에이사이 선사가 1168년과 1169년 중국을 방문해 차 종자와 제조법을 가져다 후쿠오카 등지에 심고 중국의 새로운 차문화를 수입했다. 에이사이 선사는 차가 지닌 약용효능을 강조하는 『끽다양생기』를 저술하였으며, 일본 다도 형성에 큰 영향을 끼쳤다.

유럽으로 차가 전파되기 시작한 것은 17세기 이후 중국, 일본 등지의 동양무역을 장악했던 네덜란드 동인도회사에 의해서이다. 네덜란드로 수출된 차는 프랑스, 독일, 영국 등 유럽의 여러 나라로 퍼져나갔다.

이후 미국은 1773년 영국이 신대륙 식민지 상인들의 차 자유거래를 금지하고 관세를 부과하는 것에 격분한 보스턴 시민들이 영국 상선을 습격했던 보스턴 티파티 사건이 미국 독립전쟁의 도화선이 될 정도로 역사에 큰 영향을 미쳤다. 중국과 영국의 아편전쟁 또한 영국의 차 소비 증가로 인한 무역적자를 감당하기 힘들어 인도산 아편을 중국에 수출하는 것으로 시작되었다고 할 수 있다.

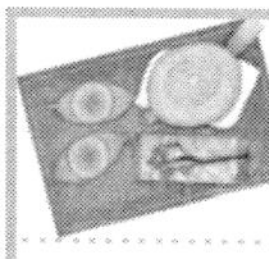

차의 명칭

‘차’라는 명칭은 중국의 주요 차 생산지에서 비롯되었다.
당시 중국의 유명한 차 산지인 광둥성과 푸젠성에서는 차를 각각 ‘차(Cha)’와 ‘테-티(Te-Tea)’로 발음하였다. 이것이 오늘날의 차로 정착된 것이다.
차가 중국으로부터 주변 지역을 넘어 세계 각지로 확산되면서 그 전파 경로에 따라 차에 대한 호칭도 크게 두 가지로 양분되었다. 광둥성에서는 육로로, 푸젠성에서는 해로로 전파되었다.
육로를 통한 러시아(차이, Chai), 몽골(차이, Chai), 이란(차, Chai), 일본(자, jya) 등은 광둥성의 ‘차(Cha)’음을 사용했고, 해로로 전파된 영국(티, Tea), 독일(테, Tee), 네덜란드(떼, thee), 핀란드(테, tee), 말레이시아(데, the) 등은 푸젠성의 ‘테-티(Te-Tea)’에서 파생된 음을 사용하게 된 것이다.

Chapter

4

차의 과학

Chapter 4

차의 과학

1. 차의 재배조건

차나무는 차나무과에 속하는 아열대성 상록식물로 열대에서 아열대에 이르기까지 남위 30°와 북위 40° 사이의 넓은 지역에 걸쳐 광범위하게 분포한다. 우리나라는 대륙성기후로 겨울에는 혹한이 심하고 하루 동안의 기온차가 너무 크다. 따라서 우리나라에서 차나무가 자연상태로 자랄 수 있는 북방한계 위도는 북위 약 33°에서 35° 정도에 걸쳐 있다.

1) 생육온도

차나무의 생육온도는 연평균 14~16℃이고 겨울철 최저기온이 -5~-6℃이면 적당하다. 겨울철 최저기온이 -13~-14℃까지 내려가도 생존 가능하지만 동해(凍害)가 발생하여 차나구의 성장과 생산량에 영향을 준다. 그러므로 우리나라는 제주도를 포함한 남부지역에서 차나무가 재배되고 있다.

2) 강수량

차나무는 강수량 약 1,500mm 이상의 다습한 지역에서 잘 자란다.

차의 종류별로 보았을 때 녹차는 서늘한 기후가 적당하고 홍차는 온도가 높은 열대지역에서 생산된 것이 차의 종류별 특징에 맞는 차의 맛을 낸다.

해발이 높거나 주야간의 일교차가 크면 차의 향기성분이 많아지므로 저지대보다 고지대에서 생산된 차의 품질이 뛰어난 경향도 보인다.

홍차의 경우, 대표적인 생산국인 스리랑카는 차 생산지역을 High grown, Medium grown, Low grown으로 구분하며 High grown에 속하는 지역으로는 누와라엘리야, 우바, 딤불라 등이 있으며 최고급 홍차 생산지로 널리 알려져 있다.

예로부터 좋은 차의 생산지는 기후가 한랭하고 주야간의 일교차가 크며, 하천을 끼고 있어 안개가 많고 습도가 높은 지역으로 이러한 지역에서 생산된 차는 향기가 많고 맛이 부드러워 명차(名茶)로 꼽혀왔다.

우리나라의 경우 배수가 잘되고 주야간의 온도차가 크며, 안개가 자주 끼는 지역으로 제주도와 전남, 경남지역이 이러한 조건을 충족시키는 곳이다.

우리나라 녹차의 대표산지로 하동, 보성, 제주가 있다.

3) 대기/바람과의 관계

공기의 적당한 움직임은 찻잎의 광합성 및 호흡을 극대화시킨다. 적절한 대기의 움직임은 차나무 재배에 있어 필수성분 축적에 도움이 된다. 반대로 과도한 공기의 움직임은 찻잎의 기공을 막기 때문에 생육에 어려움을 준다.

바람이 많이 부는 곳에서는 식물 잎 뒷면의 기공에서 살아남기 위해 기공을 닫음으로써(기공저항) 식물에 카테킨이나 2차 대사산물이 생성되어 식물에게는 독성분이지만 사람이 마시는 음료로는 약이 되어 진한 향이 나게 된다.

2. 차의 성분과 효능

1) 차의 성분

차의 화학성분은 품종이나 토양, 기후, 계절, 채엽 부위 등의 여러 가지 요인에 의해 성분의 함량이나 조성이 달라진다.

일반적으로 차의 생엽은 75~80%가 수분이고 나머지는 고형분이다.

그 고형성분은 약 40%가 물에 녹는 수용성 성분이고 나머지는 물에 녹지 않는 셀룰로오스(섬유소)나 단백질, 펙틴 이외에 조직을 구성하는 전분과 같은 저장물질로 구성되어 있다.

카테킨, 테아닌 그리고 카페인의 함량이 많으며, 칼륨을 비롯한 각종 미네랄이 풍부하게 함유되어 있고 비타민 C를 비롯하여 토코페롤, 베타카로틴 등 여러 가지 비타민류도 다량 함유되어 있다.

차의 성분은 크게 폴리페놀계, 카페인계, 그 외 미네랄계 성분으로 나눠져 있다.

대표적인 성분으로 탄닌, 비타민 C, 아미노산, 카페인이 있다.

- **탄닌(Tannin)** : 여러 개의 페놀성 수산기(-OH)를 가진 수렴성의 복잡한 구조의 방향족 화합물의 총칭으로 식물의 잎, 줄기, 뿌리, 종자 등에 널리 분포한다. 특히 덜 익은 감, 밤 속껍질 속에 많이 들어 있으며 차의 탄닌은 대부분이 카테킨류이다. 수렴성이며 쓰고 떫은맛이 강하고 탄닌 자체는 무색이지만 식물체 내의 폴리페놀옥시다아제의 작용으로 산화되기 쉽고 또한 중합되기 쉬워 적갈색으로 변화하여 차의 풍미와 색에 중요한 작용을 한다.

- **비타민 C(Vitamin C)** : 수용성 비타민으로 낮은 온도에서도 잘 우러나며 녹차에 함유되어 있는 비타민 C는 90% 정도가 환원형으로 노화지연, 스트

레스에 대한 내성 등 생리적 기능이 뛰어난 항산화 비타민이다.

- **아미노산(Amino acid)** : 분자 내에 아미노기(NH_2)와 카르복시기(-COOH)를 갖고 있는 유기화합물의 총칭으로 단백질의 주요 구성성분이다. 찻잎에는 테아닌, 아르기닌, 글루탐산, 트레오닌, 알라닌, 발린, 메티오닌, 이소류신, 류신, 티록신, 페닐알라닌, 리신, 히스티딘, 아스파라긴 및 트립토판 등 약 20여 종이 들어 있으며 품질이 좋은 차일수록 함유비율이 높으며 60℃ 정도의 낮은 온도에서도 잘 우러난다.

- **카페인(Caffeine)** : 커피의 종자, 카카오의 종자, 찻잎에 들어 있는 알칼로이드로 차를 상징하는 주요 성분이다. 함량은 2~3%이며 상쾌한 쓴맛이 있는 퓨린 염기의 하나이다.
  카페인의 생리작용은 대뇌중추신경에 대한 각성작용, 이뇨작용, 중추흥분작용, 기관지 이완작용, 위액분비촉진작용 그리고 혈관확대작용 등이 있으며 1일 허용량은 500mg으로 알려져 있다.
  찻잎 중의 카페인은 카테킨, 테아닌, 비타민 C 등의 고분자화합물과 공존하고 있어서 그 작용이 완만하게 일어나며 지속시간이 짧고 정신불안, 불쾌감 등의 부작용을 나타내지 않는다.
  1820년 스위스의 Runge가 커피콩에서 처음 발견하여 커피소라 하였으나 1892년 차의 다소(theine)와 동일물질임을 판명하여 카페인이라 명명하였다.

2) 차의 효능

『동의보감』에 "차나무는 품성이 조금 차거나 냉하여 맛은 달고 쓰며 독이 없다. 양생의 선약이며 부작용이 전혀 없고 혈압을 내리고, 소화를 도우며 이뇨작용이 있고 잠을 적게 하며, 가래를 삭이고, 갈증을 없애고, 뱃속을 편안하게 하고, 머리와 눈을 맑게 하며, 기분이 상쾌해지고, 술을 깨게 하며, 식중독을 풀어주고, 치아를 튼튼하게 하고 기생충을 없애준다"고 하였다.

이와 같이 차는 갈증을 해소하기 위한 단순한 음료가 아닌 머리를 맑게 해주고 기분을 좋게 하는 기호음료의 기능과 혈압을 내리고 소화를 도와주는 효과가 있어 정신적, 육체적 건강에 도움이 되는 음료라고 할 수 있다.

현대의학에서 차의 약리적 효과로 암 발생 억제효과, 항산화작용이 가장 대표적이며, 환경호르몬 피해 예방, 여성병 예방효과, 콜레스테롤 제거효과, 고혈압과 동맥경화 억제 효과, 식중독 예방효과, 콜레라 예방효과, 충치 예방효과, 중금속 제거효과, 항당뇨 효과, 담배 해독효과, 알코올 주독 해소 작용 등을 들고 있다.

그 외 다이어트, 항알레르기, 구취 및 냄새 제거, 피부미용효과, 스트레스 해소 등의 효과가 있다.

Chapter
5

차의 분류와 제조방법

Chapter 5

차의 분류와 제조방법

1. 차의 분류

차는 크게 차의 재료로 사용하는 차나무의 품종에 따라 제조방법을 선택하게 된다. 차나무의 대표적인 품종으로는 소엽종과 대엽종이 있다.

소엽종은 중국 · 대만 · 일본 · 한국에, 대엽종은 인도 · 스리랑카 · 케냐 등의 열대지방에 분포한다.

대엽종과 소엽종은 잎의 크기와 두께뿐만 아니라 여러 가지 성분의 차이가 있어 대엽종으로는 홍차를, 소엽종으로는 녹차를 주로 만든다.

그 이유는 대엽종은 잎이 크고 두꺼우며 녹차에 주로 이용되는 소엽종에 비해 폴리페놀의 함량이 많고 산화효소의 활성이 강해 홍차용으로 적합하기 때문이다.

차나무의 품종 이외에 차를 만드는 과정 중 하나인 발효 정도에 따라 찻물의 색이 달라진다. 즉 차의 종류가 달라진다고 할 수 있다.

차의 종류는 발효 정도에 따라, 색깔에 따라, 형태에 따라, 찻잎을 따는 시기 등에 따라 다양한 종류로 분류된다.

• **차는 발효 정도에 따라** 불발효차, 약발효차, 반발효차, (완전)발효차, 후발효차로 나눌 수 있다.

대표적으로 녹차는 불발효차, 우롱차는 반발효차, 홍차는 발효차, 보이차는 후발효차로 구분할 수 있다.

차의 발효는 일반적인 미생물에 의한 발효가 아닌 산화효소에 의한 발효를 의미한다. 찻잎에 함유된 주성분인 폴리페놀(Polyphenol)이 폴리페놀 옥시다아제(Polyphenol oxidase)라는 산화효소에 의해 변화된 것을 말한다.

이 과정에서 황색을 나타내는 테아플라빈(theaflavin)과 적색을 나타내는 테아루비긴(thearubigin) 등으로 색의 변화를 일으키게 된다. 동시에 여러 가지 성분의 복합적인 변화에 의해 독특한 향과 맛을 만들어내게 된다.

발효 정도가 적을수록 마른 찻잎의 색은 초록색에 가깝고, 마시는 찻물의 색은 옅은 녹황색이나 황금색에 가깝다. 반대로 발효 정도가 많을수록 마른 찻잎의 색은 검고, 마시는 찻물의 색은 오렌지색 혹은 진한 홍색을 띤다.

불발효차는 발효 정도가 10% 미만으로 찻잎이 녹색을 유지하는 녹차를 말하며 찻잎은 나무에서 떨어지면 산화작용이 일어나게 되는데 이를 억제하기 위해 채엽 후 산화작용이 일어나기 전 가마솥에서 덖거나 증기로 쪄서 만든 차이다.

반발효차는 발효 정도가 15~65% 정도로 우롱차와 포종차 등이 속한다.

채엽 후 녹차와 같이 바로 열처리를 하지 않고 위조(시들리기)를 통해 찻잎이 일부 산화되어 독특한 향과 맛이 난다.

발효차는 발효 정도가 85% 이상인 홍차를 말한다.

홍차는 영어로 black tea라 불리고 있으며, 찻물의 색은 오렌지색부터 진한 홍색까지 붉은색 계열을 띤다.

반발효차와 같이 위조(시들리기)를 통한 찻잎의 산화와 더불어 유념(비비기 공정)에 의해 세포가 파괴되어 액즙이 나오고, 이후 발효과정을 통해 색이 짙어진다.

후발효차는 흑차 즉 대표적으로 보이차를 말하며, 녹차의 제조방법과 같이 산화효소를 파괴시켜 만든 차를 오래 보관(퇴적)하여 공기 중 미생물의 번식을 통해 발효가 일어나게 만든 차를 말한다.

- **색깔에 따라** 녹차(綠茶), 홍차(紅茶), 청차(青茶), 백차(白茶), 황차(黃茶), 흑차(黑茶)로 나뉜다.

우려낸 찻물의 색으로 구분하는 것으로 중국에서는 6대 분류로 찻물의 색에 따라 녹차, 홍차, 청차, 백차, 황차, 흑차로 구분한다. 그중 홍차는 찻물의 색이 붉은색으로 중국에서는 홍차라고 하지만, 영어로는 블랙티(black tea)라고 한다.

중국의 차가 유럽으로 들어올 때 붉은색의 차라는 뜻의 홍차로 표기하려 하였으나 그 당시 붉은색을 띠는 남아프리카공화국의 루이보스차가 존재하고 있어 찻잎의 색깔을 기준으로 검다는 뜻의 블랙티(black tea)로 명명하게 되었다.

백차는 솜털이 덮인 차나무의 어린 싹을 덖거나 비비기를 하지 않고 그대로 건조시켜 만든 차로 찻잎이 은색의 광택을 띠고 찻물의 색이 연하고 맑은 빛을 낸다.

황차는 찻잎의 색상과 우려낸 찻물 그리고 우려진 후 찻잎의 색이 모두 황색을 띤다. 찻잎은 채엽 후 쌓아두는 과정을 거쳐 약한 발효가 일어나 황색을 띠게 되며 찻물 또한 연황색을 띠고 순한 맛을 낸다.

녹차는 찻잎을 채엽 후 가마솥에 덖거나, 수증기에 찌는 과정을 거쳐 산화를 막아 찻잎 본연의 녹색을 띤다.

청차는 반발효차로 찻잎의 색이 청갈색을 띠며 발효 정도와 조건에 따라 달라지는데 녹차에 비해 색이 진하고 홍차에 비해서는 옅은 색을 띤다.

홍차는 홍차는 제조과정에서 위조(시들리기) 후 유념(비비기)에 의해 액즙이 나오고 황갈색에서 적갈색으로 되며 발효를 통해 우려진 차의 색은 진한 붉은색 계열을 띠게 된다.

흑차는 차를 일차적으로 가공한 후 미생물에 의해 발효시켜 만든 차로 찻잎의 색은 흑갈색과 흑색을 띠고 우려진 차의 색은 진한 홍색을 띠는 등홍색이다.

차의 6대 분류 중 세계에서 가장 많이 생산되고 있는 차는 홍차로 전 세계 차 생산의 80% 정도를 차지한다.

녹차를 주로 마시는 한국 · 중국 · 일본을 제외한 대부분이 홍차를 주로 마시기 때문에 유럽과 미국에서 혹은 세계의 유명 호텔이나 항공기에서 "Would you like some tea?"라고 함은 대부분 홍차를 의미한다고 할 수 있다.

- **차의 형태에 따라** 잎차, 가루차, 고형차, 티백 등의 다양한 형태로 다시 분류가 가능하다.

잎차는 찻잎의 형태를 그대로 보존하고 있는 것으로 주로 전용 다기를 이용하여 마신다.

가루차는 대표적으로 일본의 말차를 들 수 있으며 일본 다도(茶道)에 이용하며 다완과 차선을 이용하여 마신다. 아이스크림이나 여러 가지 식품에 첨가하여 사용하기도 하며 최근 우리나라에서는 시원한 물에 녹는 가루녹차가 생산되고 있다.

고형차는 증제차를 만들어 절구에 넣어 출하와 보존이 편리하도록 떡처럼 찧어 덩어리로 만든 차를 말한다. 모양별로 벽돌 또는 떡 모양으로 만든 것은 병차(餠茶), 둥근 모양으로 만든 것은 단차(團茶), 엽전처럼 만들어 꿰어 사용한 전차(錢茶) 등이 있다.

티백은 바쁜 현대인들이 다기나 스트레이너 없이도 간편하게 머그컵 등으로 차를 마실 수 있도록 주머니모양의 형태 속에 차를 담아둔 것을 말한다.

그 외에 구슬모양을 한 주차(珠茶), 찻잎을 면실과 바늘로 일일이 엮어 둥근 형태로 만든 수공예차 등도 있다.

- **차의 잎을 따는 시기에 따라** 나라별로 조금씩 다르게 사용하고 있다.

우리나라에서는 찻잎을 따는 시기별로 24절기 중 하나인 곡우(穀雨)를 기준으로 우전, 세작, 중작, 대작으로 구분하며 이는 잎의 크기와도 상관이 있다.

곡우(穀雨, 4월 20일) 이전에 따서 만든 우전(雨煎)은 크기가 아주 가늘어 극세작이라고 한다.

곡우(穀雨, 4월 20일)에서 입하(立夏, 5월 5일) 사이에 찻잎을 따서 만든 세작(細作), 입하에서 5월 하순까지 채엽하여 만든 중작(中作), 그 이후에 찻잎을 따서 만든 대작(大作)이 있다.

제조시기(제조하는 찻잎을 따는 시기)에 따라 일번차, 이번차, 삼번차 또는 첫물차, 두물차라고도 하며 시기에 따라 봄차, 여름차, 가을차, 겨울차라 부르는 지역도 있다.

1) 녹차

녹차는 미국의 시사주간지 『뉴욕타임스』가 선정한 몸에 좋은 10대 음식, 노화방지 식품 10가지 중 하나로 선정된 바 있는 건강음료이다.

이러한 이유로 기호음료로써뿐만 아니라 항암효과, 항노화효과, 감기예방, 등의 효능으로 건강을 생각한 많은 사람들이 마시고 있다.

기원전 2700년경 녹차를 처음 발견할 당시 해독제로 사용되었으며 그 이후 건강음료와 기호음료로 발전하였다.

녹차는 발효정도가 10% 미만인 불발효차를 말한다.

녹차의 대표적인 생산지로는 주로 중국, 한국, 일본을 들 수 있는데 녹차의 특징과 형태, 마시는 방법 등은 나라별로 특징이 있다.

녹차는 형태 즉 모양에 따라 잎차(엽차), 말차, 단차 등으로 구분된다.

『뉴욕타임스』가 선정한 세계 10대 건강식품

레드푸드의 선두주자: 토마토
비타민 A와 철분이 풍부한 알칼리성 식품: 시금치
역사상 가장 오래된 술, 프랑스인들의 건강비결: 적포도주
하루에 한 움큼씩 꾸준히 먹으면 건강해지는: 견과류
서양에서 가장 많이 사용하는 건강한 채소: 브로콜리
건강한 다이어트 파트너: 귀리
신의 고기라 불리는 최고의 미식: 연어
100가지 이로움이 있는 식품: 마늘
몸과 마을을 편안하게 해주는 대표적인 그린푸드: 녹차
눈의 스트레스를 풀어주는 현대인의 건강식품: 블루베리

출처: 국립중앙도서관, 세상의 모든 지혜, 블로그 인용

잎차는 가장 많이 마시는 형태의 녹차로 엽차라고도 하며 찻잎의 형태를 제조과정에서 변형시키지 않고 그대로 가마에 덖거나 증기에 쪄서 만든 차를 말한다.

말차(抹茶)는 분말차(가루차)의 형태로 차광막을 친 후 특수 재배한 찻잎(즉 옥로차)을 가루로 만들어 체로 걸러서 매우 미세한 가루만 받아낸 것이다.

일본에서는 다도 하면 보통 이 말차를 마시는 것을 뜻하고, 우리나라에서도 고려시대 때 매우 성행하였으며, 현재는 일본에서 주로 생산된다.

단차는 일명 떡차, 그 외에 병차, 연고차라고도 하는 덩이차(고형차)를 말한다. 찻잎을 시루에 쪄서 절구에 넣고 찧은 다음 이것을 여러 모양으로 고체화시켜 보존성을 높인 것으로 조금씩 깨어서 사용한다.

그 외 구슬모양의 주차, 기타 수제차 등이 있다.

엽차는 한국, 중국, 일본에서 모두 마시는 형태이며 말차는 일본의, 단차는 중국의 대표적인 차 형태라고 할 수 있다.

2) 홍차

홍차는 발효 정도가 85% 이상인 완전발효차를 말한다. 해외에서 "Would you like some coffee or tea?"라고 할 때 tea는 대부분 홍차를 의미하는 것으로 홍차는 전 세계 차 생산량의 80% 정도를 차지하고 있으며 영국 등 유럽을 비롯하여 세계 각국에서 사랑받고 있다.

홍차는 붉은색 계열의 맑고 투명한 찻물과 향기롭고 부드러운 향과 약간의 떫은맛과 독특한 풍미로 세계적인 기호음료로 자리 잡아왔다. 홍차라는 단어를 영어로 번역하면 red tea라고 생각하기 쉽지만 정확한 표현은 black tea이다. 그리고 일반적으로 tea라고 했을 경우 홍차라는 의미로도 사용된다.

홍차의 명칭으로는 black tea, tea, 紅茶(중국의 6대 분류 혹은 중국, 일본, 우리나라), 고차(일본), The(프랑스, 테), Te(이탈리아, 테), Tee(독일, 테), Thee(네덜란드, 떼), 챠이(몽골), 이란(챠), Cha(인도, 짜)로 사용된다.

홍차 제조에는 대부분 인도대엽종을 사용한다. 인도대엽종은 중국소엽종에 비해 잎이 크고 두꺼워서 산화요소에 의한 산화가 잘 일어난다. 따라서 중국소엽종에 비해 홍차에 적합한 품종이라고 할 수 있다.

세계 3대 홍차로는 인도의 다즐링(Darjeeling), 스리랑카 우바(Uva), 중국의 기문(Keemun)을 들 수 있다.

홍차의 주요 생산국가로는 인도, 스리랑카, 중국을 비롯하여 케냐, 베트남, 인도네이사 등이 있다. 중국을 제외하고 대부분 아열대기후에 속하기 때문에 일 년에 보통 3회 정도 채엽이 이루어진다. 따라서 녹차에 비해 재배면적 당 생산량은 훨씬 많다.

홍차의 색은 주황색, 오렌지색, 선홍색, 진홍색 등의 붉은색 계열이며, 향기는 지푸라기 냄새, 건초향, 과일향, 꽃향 등이 주로 난다.

홍차의 맛은 떫은맛과 과일 맛, 쓴맛, 향긋한 맛이 대표적이다.

이러한 홍차의 색, 향, 맛의 특징 때문에 녹차를 비롯한 다른 종류의 차에 비해 종류와 마시는 방법이 다양하다.

다즐링과 같은 스트레이트 티, 향이 첨가된 얼그레이, 그리고 우유를 첨가하여 마시는 밀크티 등이 있다.

향이나 과일을 첨가하여 만든 홍차로는 얼그레이, 랩생수숑, 애플티, 레몬티 외에 기타 과일홍차 등이 있으며, 진하게 우려진 홍차에 우유를 첨가하여 마시는 밀크티와 로열밀크티, 짜이, 홍차라테 등이 있다.

홍차의 분류(kinds of black tea)

홍차는 스트레이트 티(Straight tea)와 블렌드 티(Blended tea), 그리고 플레이버 티(Flavor tea)로 나눌 수 있다.

스트레이트 티는 차 본래의 빛깔과 독특한 향을 음미하면서 마시는 것으로 중국의 기문, 인도의 아삼과 다즐링, 스리랑카의 실론과 우바 등이 있다.

블렌드 티는 차를 만드는 회사에서 여러 산지의 찻잎을 혼합한 것으로, 잉글리시 브렉퍼스트와 아이리시 브렉퍼스트, 오렌지 페코, 로열 블렌드, 애프터눈 티 등이 있다.

플레이버 티는 찻잎에 여러 가지 향을 더하여 만든 차로, 기문이나 스리랑카 홍차에 베르가못 향이 가미된 얼그레이, 찻잎에 사과 향을 더하여 만든 애플티 등이 있다.

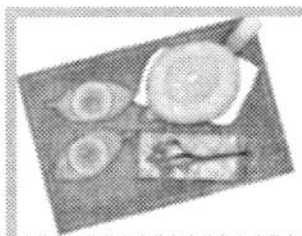

홍차의 분류와 종류

① 스트레이트 티(Straight tea)
② 블렌드 티(Blended tea)
③ 플레이버 티(Flavor/Flavour tea)
④ 베리에이션 티(Variation tea)
⑤ Fruit tea
⑥ Milk tea
⑦ Iced tea
⑧ Leaf tea, Loose tea
⑨ Tea bag, Whole leaf, Broken, Fannings, Dust, CTC
⑩ 첫물차(First flush teas)
⑪ 두물차(Second flush teas)
⑫ 오텀널차(Autumnal teas)
⑬ 상용차(Ordinary tea)
⑭ 원료차, 벌크 티(Bulk tea)
⑮ 특제 홍차(Speciality tea)
⑯ 핫티(Hot tea)
⑰ 인스턴트 티(Instant tea)

- 찻잎의 배합 정도에 따라 : ①, ②
- 마시는 방법에(홍차만) : ①
- 마시는 방법에 따라(우유의 첨가) : ④, ⑥
- 향의 첨가에 따라 : ②, ③, ⑤
- 우유의 첨가에 따라 : ④, ⑥

- 포장, 잎의 형태에 따라 : ⑦, ⑧
- 채취시기에 따라 : ⑩, ⑪, ⑫
- 포장형태에 따라 : ⑨, ⑬, ⑭, ⑮
- 마시는 온도에 따라 : ⑦, ⑯

스트레이트 티(Straight Tea)는 한 지역의 차를 순수하게 100% 사용하여 만든 홍차로 지역의 이름을 그대로 사용하는 경우가 많다.

그중 대표적으로 인도의 홍차 생산지역인 아삼(Assam), 다즐링(Darjeeling), 닐기리(Nilgiri) 등이 있다.

스리랑카는 영국 식민지 당시 스리랑카의 옛 이름을 사용한 실론(Ceylon)과 우바(Uva), 누와라엘리야(Nuwara Eliya), 딤불라(Dimbula), 캔디(Kandy) 가 있다.

중국은 기문(Keemun)홍차와 운남홍차, 의흥홍차 등이 있다.

블렌드 티(Blended Tea)는 서로 다른 지역에서 생산된 차를 섞는 블렌딩 과정을 거친 것으로 차 제조회사마다 다양한 종류의 차를 만들어내고 있다.

그중 대표적인 것으로 잉글리시 브렉퍼스트 티(English Breakfast Tea), 애프터눈 티(Afternoon Tea), 오렌지 페코(Orange Pekoe) 등이 있다.

잉글리시 브렉퍼스트(English Breakfast Tea)는 차의 색과 농도를 위해서 아삼 계열의 차와 개성 및 활기를 위해서 실론 계열의 차 그리고 깊이와 감칠맛을 위해서 아프리카 계열의 차를 포함시켜 블렌딩한다.

다른 차에 비해 맛과 향이 진하며, 카페인의 함량이 많아 통상적으로 이른 아침이나 아침식사와 곁들이며 주로 오전 중에 밀크티로 즐긴다.

애프터눈 티(Afternoon Tea)는 찻물색이 진한 홍색으로 은은하고 부드러운 맛과 향이 특징이며 함께 먹는 다과와 조화롭게 어울린다.

오렌지 페코(Orange Pekoe)는 인도와 스리랑카 실론차를 블렌딩한 것으로 전형적인 홍차의 맛과 향, 색을 지니고 있어 홍차를 처음 접하는 사람에게도 무난하여, 접대용 홍차로도 손색이 없어 누구에게나 부담 없이 순한 풍미의 대중적인 홍차로 인식된다.

실론차를 중심으로 한 블렌드 티로 가장 대중적인 홍차를 일컫는다. 맑고 은은하면서도 부드러운 맛이 있으며 찻물색이 밝으면서도 연한 오렌지빛을 띠고 있다.

그 외에 로열 블렌드, 이브닝 티, 애프터 디너 등이 있다.

플레이버 티(Flavor Tea), 프루트 티(Fruit Tea)는 홍차를 제조하는 과정에서 천연향료나 과일조각, 꽃잎 등을 인공적으로 첨가하여 만든 차를 말한다.

대표적으로 얼그레이(Earl Grey), 랩생수숑(Lapsang Souchong), 애플티, 레몬티, 복숭아티 등이 있다.

얼그레이(Earl Grey)는 중국차를 기본으로 하여 감귤류의 일종인 베르가못(Bergamot)향을 첨가하여 만든 것으로 향이 가미된 플레이버 티(Flavor Tea) 중 가장 유명한 홍차이다.

19세기 영국의 수상이었던 그레이 백작에게 토머스 트와이닝 또는 로버트 잭슨 중 한 사람이 홍차를 제공하여 붙여진 이름이며 현재 얼그레이라는 이름의 홍차는 거의 모든 홍차 회사에서 출시되고 있다.

랩생수숑(Lapsang Souchong)이란 정산소종(正山小種)의 중국식 발음이 유럽으로 전해지면서 정착된 이름이다. 백송나무를 태운 연기로 그을려 만든 홍차이다.

소나무향과 어우러진 독특한 스모키향으로 유럽에서 큰 사랑을 받았다.

얼그레이가 남성의 느낌이 강하다면 레이디 그레이(Lady Grey)는 Orange peel, Lemon peel, Corn flower(푸른색 잎, 옥수수밭의 꽃으로 홍차의 맛에는 거의 영향을 주지 않는다)를 첨가하여 여성의 느낌으로 만든 차이다.

애플티 등 홍차에 과일향을 첨가한 향차(flavor tea)로 그 시초는 프랑스 파리에서 시작되었다. 처음에는 홍차에 사과나 딸기 향을 입힌 것이었으며, 100년이 넘는 동안, 여러 가지 향의 홍차가 개발되었고, 각 차 회사는 자신들만의 홍차를 블렌딩하여, 수백 가지의 서로 다른 향의 차가 개발되었다.

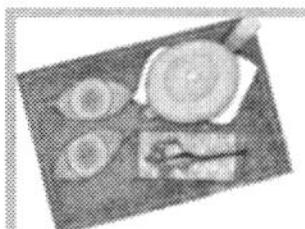

Tea Time에 따른 분류

① 얼리모닝 티(Early morning tea or Bed tea)
② 브렉퍼스트 티(Breakfast tea)
③ 일레븐즈 티(Elevenses tea)
④ 미드 티(Mid tea or Lunch tea)
⑤ 애프터눈 티(Afternoon tea or low tea)
⑥ 하이 티(High tea or meat tea)
⑦ 애프터디너 티(After dinner tea)
⑧ 나이트 티(Night tea)

홍차의 등급

제조과정에 의한 등급과 선별 전문가에 의한 등급이 있다.

홍차의 등급은 찻잎이 차나무에 달린 부위, 만들어진 차의 형태, 크기별로 나누어지고 마지막으로 티마스터, 테이스터(taster), 선별하는 전문가에 의해 다시 구분된다.

(1) 찻잎이 차나무에 달린 부위에 따른 차의 등급

① FOP(Flowery Orange Pekoe)

② OP(Orange Pekoe)

③ P(Pekoe)

④ PS(Pekoe Souchong)

⑤ S(Souchong)

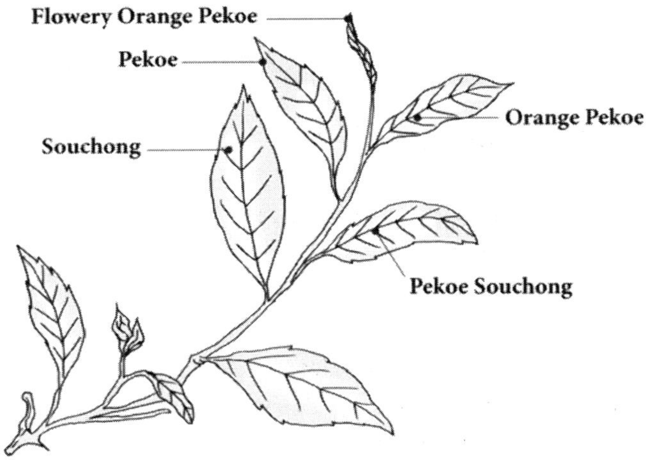

영국은 차를 높은 가격에 팔기 위해 찻잎의 외관을 기준으로 차의 품질을 평가하는 분류시스템을 만들었다. 따라서 찻잎의 형태가 온전한 것이 분쇄 혹은 부서진 잎보다 더 좋은 상품으로 분류된다. 홍차의 재료가 되는 차는 잎이 크기 때문에 인위적으로 분쇄하는 경우와 가공과정에서 부서지는 경우, 그 외 건조된 후 부서진 것 등이 있다.

가공된 차의 형상에 따른 등급으로 홀리프(Whole Leaf), 브로큰리프(Broken Leaf), 그 외 파이닝스(Fannings), 더스트(Dust)로 구분한다.

홀리프(Whole Leaf) 등급은 고급 홍차 재료로 주로 스트레이트 티의 용도로 사용된다.

브로큰리프(Broken Leaf)는 주로 대중적인 홍차로 이용되며 밀크티 등으로 사용된다.

파이닝스(Fannings), 더스트(Dust)는 주로 티백의 재료로 사용된다.

등급 중 '플라워리(Flowery)'는 차의 향이 좋아 꽃향이 나는 것을 의미하고, '골든(Golden)'은 어린잎의 색이 금색을 띠고 있는 것, 그리고 오렌지(Orange)는 우려진 차의 색이 오렌지색을 띤다는 의미이다.

– 홀리프(Whole Leaf) 등급

- SFTGFOP(Special Fine Tippy Golden Flowery Orange Pekoe)
- FTGFOP(Fine Tippy Golden Flowery Orange Pekoe)
- TGFOP(Tippy Golden Flowery Orange Pekoe)
- GFOP(Golden Flowery Orange Pekoe)
- FOP(Flowery Orange Pekoe)
- FP(Flowery Pekoe)
- OP(Orange Pekoe)

– 브로큰리프(Broken Leaf) 등급

- GFBOP(Golden Flowery Broken Orange Pekoe)
- GBOP(Golden Broken Orange Pekoe)
- FBOP(Flowery Broken Orange Pekoe)
- BOP1(Broken Orange Pekoe One)
- BOP(Broken Orange Pekoe)
- BPS(Broken Pekoe Souchong)

홍차의 생산지

(1) 인도

인도는 세계에서 홍차가 가장 많이 생산되는 곳으로 전체 홍차 생산의 35% 이상을 차지한다. 인도의 주요 홍차 생산지역으로 아삼(Assam), 다즐링(Darjeeling), 닐기리(Nilgiri) 외에 시킴(Sikkim), 두아스(Dooars) 등이 있다.

인도가 영국의 식민지였던 1823년 영국인 로버트 브루스 소령이 미얀마와 티베트 국경에 가까운 아삼 지역을 탐험하던 중 그곳 주민이 차 한 잔을 권한 것이 계기가 되어 몇 년 후 아삼종 차나무가 서양의 주목을 받게 되었으며 그 후 1841년 영국의 캠벨 박사가 시킴주, 티베트의 국경 근처에 위치한 다즐링 마을에서 중국종 홍차의 재배에 성공한다.

먼저 아삼 홍차는 인도 아삼주의 재래종 차나무에서 채엽한 찻잎으로 만드는데, 이 차나무는 1823년에 스코틀랜드의 기지 사령관 로버트 브루스(R. Bruce)가 찾아내어 세상에 소개하면서 알려지게 되었다. 당시 차나무의 높이는 12m나 되었고 잎은 일반 차나무보다 훨씬 큰 편이어서 중국종과 비교하면 세 배나 컸다.

아삼종 차나무의 잎에는 탄닌이 많이 들어 있어 홍차로 만들기에 적당하며, 일본과 중국에서 자라는 차나무와 교배해 홍차용 개량종을 만들기도 했다. 현재 인도, 스리랑카, 인도네시아, 그리고 케냐를 비롯한 아프리카 동쪽에 위치한 나라에서 대규모로 재배되는 품종이다.

아삼(Assam)은 인도에서도 가장 많은 홍차를 생산하는 지역이며, 인도에서 야생하는 차나무가 발견되어 이후 영국에 의해 인도에서 최초로 다원이 조성된 곳이다.

아삼 지역의 다원이 조성된 이후 인도는 세계에서 홍차 생산량이 가장 많은 나라가 되었으며 인도 홍차의 절반 이상을 생산하는 세계적인 차 생산지가 되었다. 아삼 지역은 일조량이 많고 비가 자주 내리는 평원지역으로 차를 생산하기에 이상적인 조건을 가지고 있다.

아삼 홍차는 강한 맛과 몰트(molt)향, 진하고 맑은 붉은색이 조화를 이룬 차이다.

맛과 향이 강하기 때문에 주로 우유를 넣어 밀크티로 마시며, 잉글리시 브렉퍼스트 등의 강한 맛을 내기 위한 블렌딩 홍차의 기본 재료로 쓰인다.

가장 많이 생산되는 보통 찻잎은 CTC 등급으로, 내수용 또는 티백 용도로 사용되며, FOP 이상의 등급은 주로 수출하고 스트레이트 티에 사용된다. 그 중에서도 찻잎의 수확부터 보다 엄격하게 고품질을 지향해서 제조되는 TGFOP급 홍차는 부드럽고 깔끔한 맛의 고급홍차로 주로 수출된다.

다즐링(Darjeeling)은 티베트어로 '번개와 천둥이 치는 곳'이라는 의미가 있다.

다즐링은 인도 히말라야의 해발고도 2,000m 이상에 위치한 다즐링산맥 북동부에 위치한 고지대 다원에서 생산되는 홍차로, '홍차의 샴페인'이라는 별명을 가지고 있다.

다즐링은 가벼우면서도 섬세한 맛과 머스캣(muscat)향이 특징이며, 찻물은 밝고 옅은 오렌지색으로 우러나온다. 고지대의 기후 특성으로 인해 기온차가 크며 그로 인한 안개 때문에 습도가 높아 독특한 맛에 영향을 미친다.

수확시기에 따라 퍼스트 플러시(first flush, 3~4월에 수확되는 첫물차), 세컨드 플러시(second flush, 5~6월의 두물차), 오텀널(autumnal, 우기가 끝나는 10월 이후의 가을차) 등으로 나뉘며, 각각 맛과 향에 차이가 있다.

3~4월에 생산되는 첫물차는 신선한 향과 엷은 오렌지색이 나며, 5~6월에 생산되는 두물차는 잘 숙성된 머스캣향과 과일향과 오렌지색으로 최고급품

으로 인정되고 있으며, 기문과 우바와 함께 세계 3대 홍차 중 하나로 꼽힌다.

다즐링에서 생산되는 홍차는 주로 FOP 등급 이상으로 가공되며, 발효 정도가 심하지 않아 맛과 향이 진한 녹차와 같은 느낌을 주기도 한다. 그 이유는 다즐링에서는 홍차 재배에 주로 이용되는 품종이 아닌 중국종 혹은 이와 교배한 아삼종을 주로 재배하기 때문이다.

다즐링은 아삼이나 다른 홍차들에 비해 색이 옅고 향이 뛰어나기 때문에 우유를 넣어서 마시는 밀크티나 아이스티가 아닌 스트레이트 티로 주로 마신다. 그리고 다즐링은 생산량이 적고 다른 종류의 홍차보다 가격이 비싸기 때문에 시중에 저렴하게 판매되는 다즐링은 다른 홍차와 블렌딩된 제품도 많다.

닐기리(Nilgiri)는 남인도를 남북으로 가로지르는 서(西)고츠산맥(Western Ghats Mts.)에 위치하며, 해발고도 1,600m의 고산지대에 위치한 다원이다.

비가 많이 오고 기후가 온난한 지역이며 이는 스리랑카의 기후와도 흡사하며 지리적으로 가까운 위치에 있다. 따라서 스리랑카에서 생산되는 실론티와 맛과 향이 유사하다.

찻물의 색은 붉은색이며 부드러운 맛과 신선하고 깔끔한 향이 특징이다. 겨울, 특히 1월에 생산된 차를 최고로 꼽는다. 떫은맛이 거의 없고 맛이 깔끔한 편이며 다른 지역의 홍차에 비해 비교적 개성이 뚜렷하지 않아 아이스티용과 밀크티와 레몬티로도 많이 사용되며, 애프터눈 티나 각종 플레이버 티의 베이스로도 인기가 많다.

사진 출처: Tea Board India

(2) 스리랑카

실론티(Ceylon Tea)라고 하면 스리랑카 홍차를 뜻하는 것으로 스리랑카는 오늘날 홍차의 생산량에 있어 세계 2위이며 세계 최대의 홍차 수출국이다. 영국 식민지 당시 스리랑카의 옛 이름인 실론(Ceylon)이라는 이름으로 해외로 홍차가 수출되어 지금까지도 홍차에는 실론(Ceylon)이라는 이름을 그대로 사용하고 있다.

19세기까지 스리랑카는 커피의 대표적인 생산국이었으나 1870년대에 해충(잎질병 : leaf disease)에 의해 커피나무가 말라 죽게 된다.

지금도 세계적인 홍차 브랜드인 립톤의 창업자 토마스 립톤은 '다원에서 직접 티포트로(Direct from the Tea Gardens to the Tea Pot)'라는 슬로건으로 스리랑카에 다원을 조성하여 세계로 수출하기 시작하여 지금의 홍차 강국으로 자리 잡게 되었다.

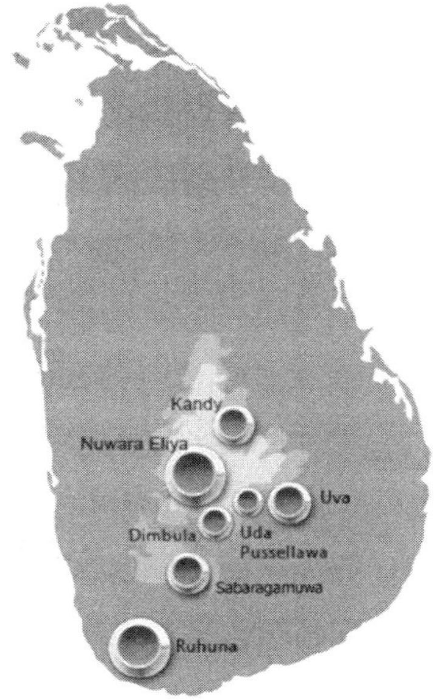

스리랑카 홍차 생산지역
출처 : www.baidu.com

스리랑카의 홍차는 섬 중앙 산맥에서 주로 재배되는데, 산맥 중앙부의 누와라엘리야, 동쪽의 우바, 서쪽의 딤불라, 북쪽의 캔디, 남쪽의 루후나 등의 산지가 있다. 해발고도가 낮고 바다와 가까운 곳에서 생산되는 로우 그로운(Low Grown), 산간지대에서 생산되는 미디엄 그로운(Midium Grown), 정상 부근에서 생산되는 하이 그로운(High Grown) 등으로 홍차 생산지역을 나눌 수 있다.

하이 그로운(High Grown) 홍차인 우바(Uva), 누와라엘리야(Nuwara Eliya) 홍차는 보다 산뜻하고 향긋한 향이 특징이며, 딤불라(Dimbula), 캔디(Kandy) 등 미디엄 그로운(Midium Grown) 홍차는 부드럽고 깔끔한 맛과 향이 특징이다. 로우 그로운(Low Grown) 홍차에 속하는 루후나(Ruhuna)는 진하고 깊이 있는 맛을 낸다.

그 외 스리랑카의 홍차 생산지역으로 우다 푸셀라와(Uda Pussellawa), 갈레(Galle), 라트나푸라(Ratnapura) 등이 있다.

3) 청차(우롱차)

청차는 우롱차 혹은 오룡차(烏龍茶)를 말하는 것으로 녹차와 홍차 중간의 성격을 띠는 반발효차이다. 오룡차(烏龍茶)는 중국 발음으로 통상 우롱차로 불리고 있다. 중국 남부의 푸젠성, 광둥성 그리고 대만에서 주로 생산되는 중국의 차이다.

녹차와 홍차의 중간으로 발효 정도가 15~65%인 차를 말하여, 반발효차로 분류된다. 원래 우롱차는 60%가량으로 발효 정도가 높은 차를 일컫지만 지금은 발효가 낮은 포종차류(15~20%)를 포함해서 모두 우롱차로 불리고 있다. 찻잎의 모양이 까마귀같이 검고 용처럼 구부러져 있다고 하여 이와 같이 불렸다는 설이 있다.

이러한 반발효차류는 기름기가 많은 요리에 잘 어울리는 제품으로 중국 음식을 먹을 때 우롱차를 함께 마시면 입안을 산뜻하게 해주고 느끼한 맛을 없애주며 소화를 도와준다.

우롱차를 마실 때는 의흥(宜興)의 소형 다기를 이용하여 다관에 절반 정도의 차를 넣고 90~100℃의 뜨거운 물을 부어 우려 마셔야 제맛이 난다.

대표적인 우롱차로는 철관음차, 대홍포, 동정우롱차, 동방미인, 문산포종차가 있다.

4) 백차

백차는 약발효차로 특별한 가공과정을 거치지 않고 그대로 건조시키면서 약간의 발효만 일어나도록 하기 때문에 만드는 방법이 가장 간단한 차이다.

백차는 어린 차의 싹이 크고 솜털이 많은 품종을 선택하여 덖거나 비비기 등의 과정을 거치지 않고 그대로 건조시켜 만든 차이다.

건조과정 중에 10% 정도로 약하게 발효가 일어나기 때문에 약발효차라고 한다.

찻잎에 솜털 즉 미세한 털이 잎을 덮고 있어서 찻잎 전체가 희게 보이고 은색의 광택을 띠며 향기가 신선하고 향기로우며 개운한 맛과 부드러운 단맛이 특징으로 여름철 해열용 약제로 사용하기도 한다.

중국 푸젠성이 주산지이며 종류로는 백호은침(白毫銀針,) 백모단(白牡丹), 수미(壽眉)가 있다. 그중 백호은침은 백차 중의 대표이며 중국 10대 명차에 속한다.

백호은침은 찻잎의 싹이 크고 도톰하며 솜털로 덮여 있고 뾰족하여 모양이 길쭉한 바늘과 흡사하다. 찻잔에 백호은침은 넣고 따뜻한 물을 부으면 찻잎이 낱낱이 곧게 서서 위아래로 엇갈리는 현상이 일어나는 기묘한 차로 그 모양을 감상하는 즐거움이 있다.

5) 황차

황차는 찻잎의 색상과 우려낸 수색 그리고 우려진 후의 찻잎, 세 가지의 색이 모두 황색을 띤다. 녹차를 제조하는 과정에서 잘못 처리되어 황색으로 변화하면서 우연히 발견된 차라고 할 수 있다.

황차는 송대(宋代)에는 하등제품으로 취급하였으나 연황색의 수색과 순한 맛 때문에 좋은 차로 인정받았다.

황차는 녹차와 달리 찻잎을 쌓아두는 퇴적과정을 거쳐 습열상태에서 찻잎의 성분변화가 일어나 특유의 품질을 나타낸다. 차를 만드는 과정 중 열처리와 유념 사이의 시간이 길어져 산화가 일어난 것이다.

녹차와 우롱차의 중간에 해당하는 차로서 찻잎 중의 엽록소가 파괴되어 황색을 띤다. 쓰고 떫은맛을 내는 카테킨 성분이 약 50~60% 감소되므로 차의 맛이 순하고 부드럽다.

또한 당류 성분과 단백질의 분해로 당성분과 유리 아미노산이 감소되어 단맛이 증가되며 고유의 차맛을 내준다.

황차의 종류로는 곽산황대차, 곽산황아, 군산은침, 몽정황아가 있으며 그 중 대표적인 황차로는 군산은침이 있다.

6) 흑차(보이차)

흑차는 후발효차로 미생물에 의해 발효된 차를 말한다.

일차가공한 찻잎을 쌓아두거나, 일차가공한 찻잎에 물을 뿌리고 쌓아두어 찻잎 자체의 온도와 습도를 높이는 과정을 거쳐 차에 미생물이 발생하도록 한다. 즉 차가 완전히 건조되기 전에 퇴적하여 곰팡이가 번식하도록 함으로써 곰팡이에 의해 자연히 후발효가 일어나게 하여 만든 차이다.

중국의 윈난성, 쓰촨성, 광시성 등에서 주로 생산되며 찻잎의 색이 흑갈색을 띠고 찻물의 색은 갈황색이나 갈홍색을 띤다.

처음 마실 때는 곰팡이 냄새로 약간의 역겨움을 느끼기도 하지만 몇 번 마시면 독특한 풍미와 부드러운 차 맛을 느낄 수 있다.

흑차는 증압한 긴압차(緊壓茶)와 증압하지 않은 산차(散茶)가 있는데 주로 긴압차가 생산된다.

중국 흑차의 종류로는 육보차, 복전차, 천량차, 보이차 등이 있으며 저장기간이 오래될수록 맛이 부드럽고 순해져 고급차로 간주된다.

흑차 중 가장 대표적인 차는 보이차로 영어로는 푸얼티(pure tea)라고 한다. 보이차라는 명칭은 보이(普洱)현에서 주로 거래되어 붙여진 이름이며 푸얼은 보이의 영어식 발음이라고 할 수 있다.

중국 운남(윈난)성 지역에서 티베트에 이르는 차마고도(茶馬古道) 지역의 소수민족들이 먹던 차의 일종으로 차마고도를 통해 티베트로 전해진 보이차는 유목민족들의 고기 위주 식생활로 인한 비타민 결핍 등 영양 결핍을 보완해준 고마운 차이기도 하다.

체내의 기름기 제거효과도 강하여 기름진 음식과 잘 어울리며 알칼리도가 높고 속을 편하게 해주며 숙취제거와 소화를 도와주는 작용을 한다. 그리고 최근에는 면역력 강화에 도움을 주는 유익한 미생물이 들어 있기 때문에 체중감량에 효능이 있는 차로도 각광받고 있다.

후발효차인 보이차는 시간이 지날수록 맛과 향기가 풍부해지기 때문에 오래 소장할 목적으로 수집하는 전문가들 또한 많다.

보이차는 차를 만드는 과정에 따라 보이생차와 보이숙차로 나눠진다. 보이생차는 녹차를 만드는 과정과 같이 만들어진 차를 발효시켜 만든 것이며 보이숙차는 인공적으로 물을 뿌리고 미생물이 잘 번식하도록 습도와 온도를 유지시켜 주는 과정을 거친 것을 말한다. 이 과정을 거치면 생차의 떫은맛이 부드럽게 변하고, 찻물의 색은 조금 붉은색으로 변하게 된다.

보이차

사진 출처: www.chinatea.org

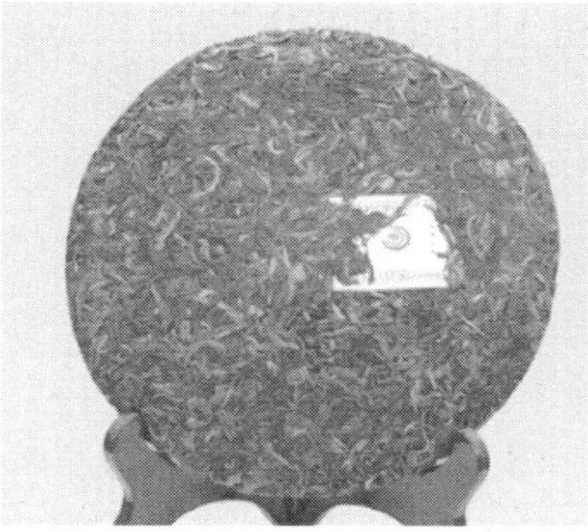

보이생차

보이숙차

사진 출처 : http://baike.baidu.com

2. 차의 제조방법

차나무의 품종은 크게 찻잎의 크기에 따라 중국소엽종과 중국대엽종, 인도소엽종, 버마산종 등의 4종류로 구분한다.

그중 중국소엽종과 인도대엽종으로 크게 구분하여 차나무의 품종에 따라 알맞은 차를 만든다. 우리나라에서 자생하는 차나무는 중국소엽종 계열로 온대성 기후에 알맞고 추위에도 강한 품종으로 재래종 차나무에 해당한다. 전남 등 일부 다원에서 대량으로 재배하고 있는 차나무는 일본에서 수입한 야부키다종으로 생산량이 많고 녹차를 만들기에 알맞은 품종이다. 그리고 인도대엽종은 홍차를 만들기에 적합하다.

차를 만드는 방법은 크게 잎을 따는 채엽, 공기와의 접촉을 통한 산화, 발효, 열을 가하는 열처리, 유효성분을 뽑아내기 위한 비비기, 즉 유념, 그리고 마지막으로 건조과정을 거쳐야 한다.

이 과정 중에서 어떤 공정에 시간을 많이 두느냐, 그리고 특이한 방법을 사용하느냐에 따라 차의 맛과 향이 많이 달라지게 된다.

차 제조 관련 용어

- 채엽(採葉, tea plucking) : 차를 만들기에 적합한 찻잎을 따는 것
- 발효(산화발효, fermentation) : 미생물에 의한 발효가 아닌 산화에 의한 발효
- 위조(萎凋, 시들리기, withering) : 식물체의 수분이 결핍하여 시들고 마르는 것. 홍차 또는 부분발효차 제조공정의 하나로 독특한 향기를 생성시키고 잎의 촉감을 매우 부드럽게 하기 위하여 생찻잎을 시들게 하는 것
- 열처리(熱處理, heat treatment) : 식품 가공이나 조리할 때 가열하는 조작. 차는 열처리방법에 따라 덖어서 만드는 덖음차와 수증기로 쪄서 만드는 증제차가 있음
- 살청(殺靑, parching) : 중국에서 사용하는 차 가공용어로 채취한 신선한 찻잎에 들어 있는 산화효소를 불활성화시켜 발효가 일어나지 않도록 고온으로 열처리하는 공정
- 유념(柔捻, rolling) : 비비기를 말하는 것으로 잎에 상처를 내어 유효성분이 잘 빠져나오게 하기 위한 과정
- 민황(悶黃, heaping) : 황차의 경우 살청 후에 민황이라는 단계를 거친다. 찻잎을 수북하게 쌓아놓고 물에 적신 천으로 덮어놓는 것을 말하는데 열과 습기가 만나면 잎이 노랗게 변하는 것
- 긴압(緊壓, impacted ball) : 증압시켜 고형으로 만드는 것
- 건조(乾燥, tea drying) : 제다공정에서 찻잎 중의 수분을 제거하는 일 또는 제다공정에서 마지막 과정으로 품질 변화의 방지와 보존성을 높이기 위하여 최종 수분 함량을 4~5%가 되도록 하는 것
- 배합(blending) : 기호와 목적에 따라 서로 다른 종류의 찻잎을 섞거나 같은 종류의 찻잎이라도 생산국이나 다원, 수확시기, 생산방식, 재배고도, 등급 등이 다른 찻잎을 섞는 것, 그 외에 식용 가능한 건조된 식재료, 즉 꽃과 열매, 씨, 뿌리, 향신료나 에센셜 오일을 혼합하는 것

1) 녹차 제조방법

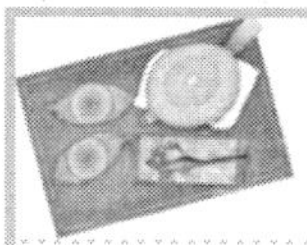

창과 기

창은 새로 나오는 뾰족한 싹이 말려 있어 창과 같이 생긴 것을 말하며, 기는 창보다는 먼저 나와 잎이 다 펴진 상태로 펄럭이는 것이 깃발과 같은 어린잎을 말한다.

• 중국과 일본의 표현 : 아(芽)와 엽(葉), 심과 엽

녹차를 만드는 과정은 채엽 → 열처리 → 유념 → 건조과정으로 이루어진다.

채엽할 때 가장 중요한 것은 차의 잎이 1창 2기나 1창 3기를 따게 되는데 여기서 창이라는 의미는 새로 나오는 잎이 다 펴지지 않고 말려 있어 모양이 창과 같이 뾰족하다고 해서 창이라 하고, 기는 잎이 다 펴진 상태로 깃발처럼 보인다고 해서 기라고 표현한다.

새 잎의 제일 위에 창이 하나 있고 다음으로 오른쪽, 왼쪽으로 잎이 있으

면 1창 2기로 세작의 재료가 되는 것이다. 이렇게 채엽한 상태에서 빠른 시간 내에 열을 가해서 찻잎에 있는 폴리페놀 옥시다아제와 같은 산화효소가 발휘(활성화)하지 않아서 차가 풋풋한 향을 그대로 유지할 수 있도록 빠른 시간 내에 열처리하는 것이 아주 중요하다.

이것이 바로 녹차의 특징이라 할 수 있다.

풋풋한 향이 사라지고 폴리페놀 옥시다아제가 많이 파괴(활성화)되었을 경우에는 차 맛이 반발효차인 우롱차나 홍차의 형태로 새로운 향이 난다는 것을 의미하기 때문이다.

녹차의 열처리 방법으로는 350℃ 정도의 가마솥에 덖어서 만든 덖음차와 100℃의 뜨거운 수증기로 30~40초 동안 쪄서 만든 증제차가 있다.

열처리한 다음에 유념(비비기)의 과정을 거쳐야 하는데 찻잎에 상처를 줘서 상처받은 찻잎이 계속적으로 그 구멍을 통해서 유효한 성분을 뽑아낼 수 있게 하는 것이다.

유념은 찻잎의 세포막을 파괴시켜 차를 우릴 때 각종 수용성 성분이 쉽게 우러나도록 하고 차의 형상이 잘 말리게 한다. 그리고 찻잎의 수분을 고르게 하는 공정이다.

유념과 열처리는 한번으로 끝나는 것이 아니라 여러 번 반복해야 하며, 보통은 3~4번 정도 반복하여 차를 만든다. 이 과정이 5번이면 5증 5폭(또는 포), 9번 하면 9증 9폭(포)이 된다.

유념의 과정을 반복하게 되면 부드럽고 많은 수의 구멍이 생겨 좋은 성분이 골고루 나오게(추출할 수 있게) 된다.

마지막으로 **건조과정**이다.

건조과정은 크게 2가지로 나눌 수 있다.

첫 번째는 향을 내기 위한 건조과정으로 찻잎은 열에 의해 생성된 녹차의 향들이 어우러지게 된다. 녹차는 수렴성이 강하기 때문에 그 생성된 향들을 다시 흡수하게 되어 1차 건조와 더불어 향내기의 과정이 된다.

그리고 차는 만들어진 후 약 2년 정도 보관하여 마시게 되는데 이를 위해서는 보관하는 동안 변질이 일어나지 않게 하기 위해 녹차잎의 수분상태가 10% 이하로 떨어지도록 해야 한다.

그래야만 곰팡이나 미생물이 생기지 않기 때문에 건조의 최종단계를 거쳐 질소가스를 충전하여 포장을 하게 된다.

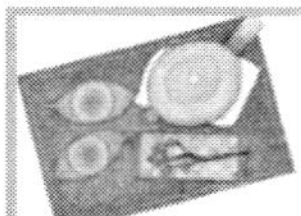

덖음차와 증제차의 비교

덖음차는 중국에서 시작된 제다방법으로 현재 중국과 베트남, 인도네시아, 한국 등지에서 주로 생산된다.
찻잎 중의 산화효소를 파괴하기 위하여 솥에 찻잎을 넣고 열을 가해 덖어서 만들게 되는데 국내에서는 소규모의 수공으로 만드는 방법과 녹차 기계를 이용한 대량생산의 두 가지 형태가 있다.
덖는 과정은 부족하면 풋냄새와 더불어 발효가 일어나 녹차로서의 상품가치가 떨어지고 너무 지나치면 탄 냄새와 함께 제품의 모양이 나빠진다.
따라서 풋냄새를 없애고 구수한 맛이 나도록 온도와 시간을 조절하는 과정이 제품의 품질에 결정적인 영향을 미친다.

증제차는 덖음차보다 수백 년 앞서 중국에서 개발된 방법으로 100℃의 수증기로 30~40초 동안 쪄서 만들기 때문에 '찐차'라고도 불린다.
송나라 때 불교를 배우러 왔던 일본의 에이사이 선사가 증제차의 제조방법과 각종 차에 관한 지식을 일본에 전함으로써 오늘날 일본 녹차의 시발점이 되었다.
증제차의 생산은 일본이 가장 많고 중국과 우리나라에서 생산된다.

2) 홍차 제조방법

홍차는 차나무의 품종 중 주로 인도대엽종으로 제조한다. 인도대엽종은 녹차에 주로 이용되는 소엽종에 비해 폴리페놀의 함량이 많고 산화효소의 활성이 강해 홍차용으로 적합하다.

홍차는 녹차와는 달리 채엽 후 바로 열처리를 하지 않고 위조라는 단계로 찻잎의 수분을 제거하면서 새로운 향이 발생하는 산화발효의 과정을 거치게 된다.

오래전부터 내려오는 전통적인 방법과 이를 기초로 고안한 발전된 형태들이 있다. 이는 차를 만드는 작업과정을 간소화시키거나, 새로운 기계를 도입하여 많은 양의 홍차를 빠른 시간 내에 만들 수 있기 때문에 시간과 비용을 절감하고 차의 가격 또한 많이 내릴 수 있는 방법이다. 또 그로 인해 홍차가 대중화되는 계기가 되었고, 상업용으로도 많이 이용할 수 있다.

① Orthodox ② Semi-orthodox

③ Rotervane(로터베인) ④ CTC(Crush, Tear, Curl)

(1) Orthodox(전통적인 방법, 전통제법)

채엽 → 실내 자연위조 → 유념 → 분별 → 유념 → 분별 → 발효 → 건조 → 반제품(완제품은 출고 직전에 만든다.)

① 채엽(tea plucking)

② 실내 자연위조 : 통풍이 잘 되는 위조실에서 자연위조를 한다. 위조 선반에 찻잎을 얇게 펴서 25~28℃의 온도에서 16~18시간 동안 정치한다. 이때 향기가 생기며 위조된 잎은 매우 부드러운 촉감을 가진다.

③ 유념(rolling) : 유념기를 이용하여 비벼준다. 회전 수가 분당 45~50회인 유념기에 의해 찻잎의 세포가 파괴되어 산화효소와 폴리페놀이 반응하

여 발효가 잘되게 해준다. 체별하여 거친 잎은 다시 회전 수가 분당 35~40회인 유념기로 유념을 한다.

④ 분별 : 유념된 찻잎은 세포로부터 액즙이 나와 펙틴 등의 성분에 의해 굳어진 공과 같이 된다. 이것을 풀어주면서 체별하여 거친 잎을 다시 회전 수가 분당 35~40회인 유념기로 유념을 한다.

⑤ 발효 : 발효실에서 수 센티미터 두께로 퇴적하여 정치한다. 발효실의 온도는 20~26℃, 습도는 90%로 하고 2~4시간 정도 발효시킨다.

⑥ 건조 : 고온(70℃)의 열풍으로 20분 정도 건조시켜 수분함량을 5% 이내로 한다.

⑦ 포장

(2) Semi-orthodox

채엽 → 인공위조 → 유념 → 유절기 → 헤치기 분별 → 가압유념 → 분별 → 발효 → 건조 → 반제품(완제품은 출고 직전에 만든다.)

인공위조를 하며 유절기를 사용한다.

① 인공위조 : 자연위조는 넓은 장소가 필요하므로 최근에는 거의 인공위조를 행한다. 위조대에 찻잎을 20~30cm 두께로 쌓아 펴고 아래쪽으로 공기를 흘려준다(팬으로 바람을 보낸다). 필요에 따라 공기의 온도를 조절하면 강제적으로 위조되므로 시간이 단축된다.

② 유념 : 회전 수를 분당 40회로 하여 유념을 한다.

③ 유절기 : 유념기와 더불어 유절기를 이용하여 찻잎을 15분 동안 파쇄한다. 이때 찻잎의 세포는 강하게 분쇄되어 세포막은 부서져 내용물이 섞이고 공기와의 접촉도 증가된다.

④ 가압유념 : 차를 누르면서 유념해 준다.

⑤ 건조 : 80~90℃의 열풍기로 20분 정도 건조시킴으로써 발효를 정지시키고 수분을 5% 미만으로 한다.

(3) Rotervane

1958년 인도에서 개발한 로터베인 기계를 이용한 제다법으로 유념부터 발효까지의 과정을 대부분 기계로 처리한다. 주로 스리랑카와 인도에서 사용하는 방식으로 홍차 생산량을 비약적으로 증가시켰다.

(4) CTC(Crush, Tear, Curl)

채엽 → 인공위조 → 유절기 → CTC → 인공발효 드럼(drum) → 건조 → 반제품

① CTC : Crush, Tear, Curl의 동작을 동시에 행하는 기계를 이용하므로 짧은 시간 안에 찻잎의 세포가 많이 파괴된다.
② 인공발효 드럼(drum) : 회전하는 드럼층에 CTC기에서 나온 찻잎을 넣어 습도 95%의 공기 중에서 45~75분 동안 발효시키므로 다른 방법보다 발효시간이 크게 단축된다.

전 세계 홍차의 50% 이상이 제조되며 홍차의 수요 증대에 부응하는 효과를 가져왔다.

Chapter 6

차의 전파와 차문화

Chapter 6

차의 전파와 차문화

중국의 차는 실크로드보다 앞선 세계 역사상 가장 오래된 무역로인 차마고도를 통해 중국 윈난(운남)성, 쓰촨(사천)성에서 시작되어 티베트와 인도, 네팔, 파키스탄 등지로 전해졌다.

차마고도(茶馬古道, ancient tea route)는 중국의 차(茶)와 티베트의 말(馬)을 교환하기 위해 개통된 교역로로 다양한 물품의 교역이 이루어졌으며 물품교역 이외에도 여러 이민족의 문화와 종교와 지식이 교류되었다.

중국차는 5세기부터 실크로드를 통해 서역 여러 나라로 전해졌으며 7세기 전반에는 신라, 그리고 9세기 초에는 일본에 전해졌다. 세계의 지붕이라는 티베트에도 들어가고 베트남과 미얀마에서도 일찍부터 차의 소비가 이루어졌다.

9세기에는 무역상인들에 의해 아라비아에도 전해지고 마지막으로 17세기에 이르러 러시아를 포함한 유럽에 전해졌다. 유럽은 차가 자생하지 않고 차의 원산지인 중국의 극서에 위치하고 있기 때문에 중국과의 교류가 어느 지역보다 늦었다.

네덜란드와 영국을 비롯한 유럽에 차문화가 널리 뿌리내리면서 차는 교역의 주요한 상품이 되고 자본주의의 파도를 타게 된다.

17~18세기 중국과 유럽 간의 교역에서 중국은 차, 도자기, 비단 등을 수출하고 유럽으로부터 금, 은, 시계를 수입하였다.

유럽의 자본주의는 차를 국제분쟁의 마당으로 끌어들였다. 차가 일으킨 세계사적 사건으로 보스턴 티파티(1773)와 아편전쟁(1839)이 있다. 그리고 중국차의 운반을 둘러싼 티클리퍼(Tea Clipper : 차 쾌속선), 티 레이스의 출현이다.

Chapter 7

한국의 차

Chapter 7

한국의 차

우리나라는 가정마다 설날과 추석에 아침 일찍 차례를 지내는 세시풍속이 있다. 차례(茶禮)는 조상신에게 제사를 지내는 것으로 차례의 한자에서 알 수 있듯이 제사를 지낼 때 예를 갖춰 차를 올리는 문화에서 시작된 것으로 볼 수 있다.

신라시대 승려와 화랑들의 정신수양을 위해 사용한 차는 고려시대에 이르러 불교행사뿐만 아니라 나라의 크고 작은 행사에 차를 올리는 것으로 자리를 잡았고 그 이후 조선시대에 이르러서는 차 대신 술을 올리는 것으로 변화하여 현재까지 이어지고 있다.

당시 차는 아주 귀한 것으로 정신수양과 건강에 좋은 것으로 여겨졌으며 이러한 차를 신에게 바침으로써 인간의 염원이 신에게 전달되고 이루어진다고 믿었을 정도로 중요한 의미를 가지는 것이라 할 수 있다.

우리의 선인들은 자녀들이 결혼할 때 차를 다른 예물과 함께 주고받았다. 특히 여인들은 시집갈 때 차를 가지고 가서 사당에 올렸다. 이는 단순히 차를 올리는 행위 이외에 차나무가 가지고 있는 성정을 받들겠다는 굳은 결의를 하는 것이다. 그 이유는 차나무의 늘 푸른 잎과 같이 언제나 마음을 변함없이 가질 것이며 차나무 뿌리는 심근성으로 옮겨 심으면 곧잘 죽어버리므로 옮겨 심지 않는 차나무처럼 그 집에 뿌리를 내려 가문을 번창시키며 오래도록 지킬 것을 약조하는 의미를 내포하고 있다.

고려시대에는 차를 밥 먹듯이 평범하게 일어나는 일, 즉 일상에서 흔히 일어나는 일이라는 뜻의 '다반사(茶飯事)' 혹은 '일상다반사(日常茶飯事)'라는 말이 있을 정도로 차를 즐겼다.

하지만 요즈음은 커피 등의 외래 음료와 편리함을 찾는 티백 위주로 되어버려 전통 다기를 이용하여 녹차를 마시는 모습을 찾아보기가 어려울 정도가 되었다.

1. 한국 녹차의 역사

예전부터 우리나라는 주로 녹차를 마셔왔으며 『삼국유사』에 수록된 「가락국기」에 서기 48년 인도 아유타국의 공주 허황옥이 열여섯의 나이로 김수로왕에게 시집을 오면서 혼수품으로 금, 은, 폐물, 비단과 함께 차 종자를 같이 가지고 왔으며, 김해 백월산에 죽로차가 있다고 전해진다.

세시에는 과일, 술, 그리고 차로 제사를 지냈다는 기록이 있다.

그리고 차 전래에 관한 공식적인 최초의 문헌은 『삼국사기』로 "흥덕왕 3년 대렴이 당에서 차씨를 가져와 왕명으로 지리산에 심었다. 차는 선덕여왕 때부터 있었지만 이때에 이르러 더욱 성행하게 되었다"고 즉 우리나라에 차가 들어온 것은 선덕여왕(632~647) 때이지만 차 종자가 본격적으로 파종된 것은 흥덕왕 때(828)에 이르러서라고 되어 있다. 당나라 사신으로 갔던 대렴이 차씨를 가져와 지리산 일대에 파종해 쌍계사나 화엄사 등을 중심으로 전파되었다.

아마도 그때 수입된 차는 무척 비싼 값으로 거래되었을 것으로 보이며 수요가 점점 늘면서 국내 생산을 생각하게 되는 것은 당연한 일로 이 시기에 차 수요가 급속히 늘어났던 것으로 여겨진다. 따라서 이때를 기점으로 차나무를 적극 재배하고 제다법이나 차 의례가 발달하고 중국 다문화가 폭넓게 수용되어 우리나라 음다풍속이 시작된 것으로 해석할 수 있다.

고려시대까지는 일상다반사(日常茶飯事)라는 말이 있을 정도로 차를 많이 마셔왔는데 조선시대에 접어들면서 차가 단절되어 사찰의 스님 위주로 차를 마시는 것이 유지되어 왔다.

조선시대는 불교문화와 함께 도입된 차가 조선시대 성리학의 도입과 사원에 대한 억압책으로 사원이 쇠퇴함에 따라 음다풍속이 사라지게 되었다. 차 산지 주민들에 대한 차세의 부과로 민폐를 끼치게 되어 차 생산지가 줄고 민중의 차에 대한 거부감이 심화되어 기호음료로 장착되지 못하였다.

술과 담배의 선호로 인해 기호음료로서의 차의 필요성이 감퇴한 것도 중요한 이유 중 하나라고 할 수 있다. 그리고 우리나라는 수질이 깨끗하여 물을 그냥 마셔도 탈이 없고, 물맛도 좋으며, 밥을 지은 뒤 마시는 숭늉이 곡차로써 차를 대행했던 이유도 있을 수 있다.

그 이후 일제시대 때 일본 사람들이 한국에 들어와서 차를 마시고 1927년부터 차 생산이 다시 본격적으로 이루어지게 된다. 전남 보성의 대한다원에서 대단지의 차 생산단지가 조성되었고, 전남 광주 무등산 자락의 '증심사'라는 절에 차 밭을 조성하였다. 이는 오자키라는 일본 사람에 의해 만들어졌으며, 삼애다원, 춘설다원, 무등다원이라고도 한다. 비슷한 시기에 경남 사천의 '다솔사'에서 효당 최범술이라는 사람이 차를 생산하게 되었다. 이 시기에 만들어진 녹차가 우리나라 근대차 생산의 시초라고 할 수 있다.

1970년대는 당시 박정희 대통령이 전라도를 방문하여 전라도의 농업을 살려보기 위해 홍차(품종은 베니로바레)를 심게 하는 농특사업(농업특별산업 혹은 농업진흥특별사업)을 실시하여 5년 후 국산홍차를 생산하게 되었다. 당시 우리나라의 문화수준과 경제수준, 문화적 분위기 등으로 홍차산업은 실패하였고 몇 년 후 홍차나무를 모두 베어버리게 되었다.

그 후 1980년도에는 당시 장원산업의 서양원 회장이 전라도의 춘설다원을 둘러보고 너무 좋아서 차밭을 만들어야겠다는 생각에 제주도에 도순다원을 만들어 설록차를 생산하게 되었다. 이 시기가 우리나라에서 녹차의 대중화가 본격적으로 이루어진 시기라고 할 수 있다. 당시 태평양(현 아모레퍼시픽)에서 만든 차는 천수(중작)이고 후에 만수, 억수 등이 생산되었다.

태평양에서는 대량생산을 위해 기계로 녹차가 만들어져 차 애호가들 사이에서는 외면당하기도 하였다. 그리고 1983년 다시 보성에 차나무를 심고 2003년까지 연간 20% 이상의 큰 성장을 보여왔다.

2006년부터는 국내 차 생산농가의 증가로 녹차가 남게 되면서 녹차산업이 하향곡선을 보이고 있다. 이것은 단순한 생산량의 증가뿐만 아니라 중국 차 등과의 경쟁 및 커피산업의 발전과 다양한 음료의 생산 및 유통 등으로 인해 음료의 다양성과 가격경쟁 면에서 떨어지기 때문이라고 할 수 있다.

2. 한국 녹차의 종류

찻잎을 채취한 시기별로 분류하면 우전, 세작, 중작, 대작으로 나눌 수 있다. 일반적으로 잎을 따는 시기가 빠를수록 감칠맛을 내는 아미노산과 비타민 C, 카페인 그리고 질소 등의 함량이 많고, 늦게 딴 찻잎일수록 쓴맛을 내는 탄닌의 함량이 높다. 보편적으로 채취한 시기가 빠를수록 상급의 녹차로 평가된다.

우전은 곡우(양력 4월 20일) 전에 뾰족한 싹과 채 피지 않은 잎을 따서 만드는 아주 가는 차를 말한다.

세작은 흔히 작설차(雀舌茶)라고도 하는데 곡우에서 입하(양력 5월 5일) 사이의 차로 잎이 다 펴지지 않은 찻잎을 따서 만든 차를 말한다.

작설차(雀舌茶)는 참새의 혓바닥을 닮았다 하여 붙여진 것으로 아주 작고 가는 차의 모양을 보고 지어진 이름이라고 할 수 있다.

중작은 입하(立夏, 양력 5월 5일)에서 5월 하순 사이에 잎이 좀 더 자라 창과 기가 펴진 잎 두 장 이상을 함께 따서 만든 차이다.

대작은 양력 8월 하순(처서)에서 9월 상순(백로)까지 중작보다 더 굳은 잎을 따서 만든 거친 차이다.

그리고 대작보다 더 낮은 단계로 굳은 잎이 대부분으로 숭늉 대신 끓여 마시는 막차가 있다.

• **한국의 대표적인 녹차**로는 작설차, 설록차, 춘설차, 죽로차 등이 있다.

작설차(雀舌茶)는 참새 '작', 혀 '설'의 한자를 사용하여 녹차 형태에 따라 표현한 명칭으로 참새가 입을 벌리고 혀를 조금 내밀었을 때의 모습처럼 아주 어린 찻잎으로 만든 우리나라 녹차의 대명사로 사용되고 있다.

이는 송나라 때부터 불리는 이름이며 어린 차 싹의 모양이 참새의 혓바닥 모양을 한 것에서 연유한다.

조선시대 중기 이후는 작설이 차의 보통명사가 되었으며 우리나라의 재래종 차나무를 이용하여 전통적인 방식으로 만든 녹차를 말하였다.

최근에는 4월 20일(곡우)에서 5월 5일(입하) 사이에 찻잎을 따서 만든 차를 일컫는 말로 주로 고급 녹차로 사용되고 있다.

설록차(雪綠茶)는 '눈 덮인 한라산 다원에서 생산된 깨끗한 녹차'라는 의미를 담고 있으며 태평양(현 아모레퍼시픽)에서 제주에 녹차다원을 조성하여 생산, 출시한 녹차의 한 브랜드이다.

1980년 설록차 브랜드로 녹차만수, 천수, 백수가 출시되었으며 이후 1983

년 제주에서 수확한 찻잎으로 신제품을 출시하였다. 그 종류로는 한라진수, 삼다진수, 설록티백이 있다.

설록차가 인기를 얻고 대중화된 이후 예전의 작설차와 같이 국내 녹차의 대명사로 불리며 우리나라 녹차 대중화에 크게 기여했다고 할 수 있다.

춘설차(春雪茶)는 전남 광주의 무등산 자락에 위치한 '증심사'라는 절에 차밭이 조성되어 있다.

이는 일제하에서 일본인 오자키에 의해 만들어졌으며 우리나라 남종 문인화의 마지막 대가로 일컬어지는 의재 허백련(毅齋 許百鍊) 선생이 1946년 정부로부터 불하받아 이름을 삼애다원으로 바꾸고, 그가 설립한 광주농업기술학교 학생들과 함께 가꾸었다.

의재는 차를 많이 마셔야 나라가 흥한다는 신념이 있었으며 차밭 가까운 곳에 춘설헌(春雪軒)을 짓고, 후진을 양성하였으며 그곳에서 생산된 차에 춘설차라는 이름이 붙여진 것이다.

1993년 광주특산품 1호로 지정되었으며, 대한항공에서 제공하는 녹차로 탑재되기도 하였다.

3. 다기의 종류

한국의 녹차를 마시기 위한 전통다기로는 횡파형의 차를 우리는 다관, 물을 식히기 위한 숙우(물식힘 사발), 차를 마시기 위한 찻잔이 있다.

그 외 다완, 차시, 퇴수기 등이 있다.

- **다관(찻주전자) :** 차를 우리는 그릇으로 다관을 만드는 재료는 도기나 자기,

유리, 동이나 은 등을 사용하지만 실용성이나 품격 면에서 도자기가 제일 좋다.

모양에 따라 상파형, 횡파형, 후파형이 있으며, 크기는 3인용, 5인용, 10인용 등으로 인원 수에 따라 적절히 선택하는 것이 좋다. 부리(주둥이)가 잘 만들어져 차를 따를 때 찻물이 잘 멈추어 새거나 흘러내리지 않는 것이 좋고, 속이 희어서 차의 양을 확인할 수 있어야 한다.

- **찻잔 :** 차를 따라서 마실 때 쓰는 그릇이다. 찻잔은 그 종류가 대단히 많은데 사람마다 각자의 취향에 따라 각기 다른 모양과 빛깔의 찻잔을 사용하고 있다. 흰색이 차의 색을 제대로 감상할 수 있어서 좋고 청자나 남백색의 잔도 차 빛을 나쁘게 하지 않는다.

- **숙우(물식힘 사발) :** 잎차용 탕수를 식히는 사발이다.
뜨거운 물을 부어 녹차에 적합한 온도가 될 때까지 식히기 위한 그릇이다. 탕수를 다관에 따르기 편리하도록 한쪽 귀가 달린 모양을 하고 있다.

- **차시(차칙, 차수저) :** 차수저는 은, 동, 철, 나무, 대나무 등으로 만들어 썼는데 동이나 철은 녹이 슬기 쉽고 냄새가 난다. 그러므로 나무로 만들어 옻칠을 해서 사용하거나 대나무로 만들면 좋다.

- **다완 :** 말차를 만들고 담는 찻사발로 도자기 재질이 가장 많이 쓰이나 돌, 옥, 나무 등 다양한 재질이 있다.

- **차선(차전)** : 찻사발(다완)에 찻가루(말차)를 넣고 물을 부은 다음 이를 휘젓는 데 사용하는 다구이다.

- **찻상 :** 손님에게 차와 다식을 낼 때 사용하는 상이다.
너무 커도 안 되고 너무 작아도 볼품이 없다. 크기가 다관과 찻잔 그리고 숙우와 차수저 등을 올려놓을 수 있을 정도면 적당하다.

- **차수건 :** 다관과 찻잔 등 다구를 사용할 때마다 물기를 닦는 마른행주이다. 무명이나 세마포 등 부드럽고 먼지가 잘 털어지는 재질의 천이 좋다.

- **찻상보 :** 다기나 찻상을 덮는 보자기이다. 예로부터 적색과 남색으로 안팎을 삼아서 만들어 사용했는데 적색은 벽사의 의미와 함께 사악함을 물리치고, 길함을 뜻하는 것으로 전통적으로 귀한 물건을 싸거나 치장할 때 사용하였다. 또한 적색은 불의 빛깔로 짐승이나 벌레들이 꺼리는 색이다. 남색은 적색과 함께 음양을 상징하며 조화를 나타낸다.

- **탕관 :** 탕관은 찻물을 끓이는 솥 또는 주전자이다.

- **퇴수기 :** 다관이나 찻잔 등을 예열하고 헹구어낸 물을 버리는 그릇으로, 차 찌꺼기를 씻어내기도 한다.

- **표자(물바가지) :** 탕관에서 물을 뜰 때 쓰는 도구이다. 물바가지나 국자모양으로 주로 조롱박이나 대나무로 만든다.

- **물항아리 :** 차 끓일 물을 담아두는 항아리이다.

- **차호(차통) :** 차를 보관하는 통

- **화로 :** 끓이기 위해 불을 피우는 것

4. 한국의 주요 녹차 생산지역

1) 하동

하동은 우리나라에서 차밭, 차 농가, 차 공장, 차 전문가 그리고 차 관련 유적이 많은 곳이다. 차를 연구하는 개인과 기관 및 단체들, 대규모의 차 체험관과 녹차연구소가 위치하고 있는 우리나라의 대표적인 차 산지이자, 차문화의 중심이 되는 곳이다.

하동 녹차는 왕에게 진상되었으며, 품질이 뛰어나 '왕의 녹차'로 알려져 있다. 하동 녹차의 역사는 『삼국사기』 기록에 의하면 신라 흥덕왕 3년(서기 828) 당나라에서 돌아온 사신 대림공이 차 종자를 가져오자 왕이 지리산에 심게 했다고 전해지고 있다.

경남 하동 지리산 쌍계사 입구에 대렴공추원비가 있으며 여기에는 지리산 쌍계사가 우리나라 차의 시배지라 적혀 있다.

하동은 섬진강과 화개동천에 연접해 있어 안개가 많고 다습하며 밤낮의 기온차가 커 차나무 재배의 최적 환경으로 다른 지역에서 생산되는 녹차보다 맛과 향 등 모든 면에서 우수한 평가를 받고 있다.

또한 하동 녹차는 오래전부터 덖음기술을 활용한 고급녹차를 생산하여 보급형 녹차와 차별화를 추구하고 있으며 우전, 세작, 중작, 대작 등 고급녹차의 생산이 전체 생산량의 대략 95% 정도를 차지한다.

2) 보성

전남 보성은 '차의 고장'이라는 수식어가 따라다니는 지역이다. CF, 영화, 드라마의 촬영지로 보성의 차밭 풍경이 등장하면서 차에 관심이 없는 사람들에게도 널리 알려지게 되었다.

보성의 마을들은 마을 이름에도 차를 품고 있는 지역들이 있다. 예부터 전남 보성군 득량면 송곡리는 다전(茶田)부락으로, 조성면 봉능리는 다전등(茶田登)이라는 이름으로 불리고 있다.

보성의 차밭은 하동과 비교하면 하동의 야생녹차, 소규모의 차밭이 아닌 아름답고 큰 규모의 푸른 차밭이 특징이라고 할 수 있다.

보성은 우리나라 녹차 생산량의 40% 정도를 차지하며, 환경적 · 역사적으로 녹차 재배의 적지로 알려져 있고 최근에는 매년 봄마다 열리는 보성다향제와 아름다운 차밭 풍광 등을 이용한 관광단지로도 유명하다.

하동은 전통적인 덖음 녹차의 생산량이 많은 반면 보성은 기계화된 증제차의 생산량이 많은 편이다.

3) 제주

우리나라의 대표적인 차 생산지로 전통녹차의 하동과 아름다운 차밭의 보성을 손꼽을 수 있다. 하지만 이에 못지않은 규모의 차밭과 생산량을 자랑하는 곳이 바로 제주도다. 그리고 우리나라 녹차의 대량생산을 통하여 대중화를 이루게 한 기반을 만든 지역이기도 하다.

1980년대만 해도 제주도는 차나무를 가꾸기에 적합한 지역으로 꼽히지는 않았다.

하지만 제주 녹차는 조선시대의 명필가 김정희 선생이 초의가 보내준 차로써 유배생활의 고통과 외로움을 달래던 지역으로 서귀포시 안덕면 서광리에 조성된 차 생산지의 역사를 가지고 있다.

연평균 기온이 섭씨 15℃에 이르며, 강수량도 풍부해 차나무가 자라기에는 최적의 조건을 갖추었지만 대부분의 땅이 돌투성이였기 때문에 차밭을 조성하기가 불가능한 지역으로 여겨졌다.

제주도 전역이 돌밭으로 이루어져 있고 이목(異木)이 우거져 사람이 살 수 없는 척박한 땅이었지만 조상들이 나무를 심어 해풍으로부터 보호하기 위한 방풍림을 조성하고 흙을 지어 날라 땅을 만들고 돈분으로 퇴비를 하여 차를 생산하게 되었다.

1980년 제주도에 도순다원을 만들어 태평양(현 아모레퍼시픽)에서 설록차를 생산하면서 우리나라 녹차 대중화가 본격적으로 이루어지게 되었다고 할 수 있다.

Chapter

8

일본의 차

Chapter 8

일본의 차

일본은 식당, 항공기는 물론 자판기에서도 일본의 녹차를 비롯하여 다양한 종류의 차를 판매, 제공하고 있다. 다도라는 독특한 차문화를 가진 나라이며 그중 녹차가 대표적이다.

일본에서는 대부분 증기로 쪄서 녹차를 만들며, 우리나라의 녹차에 비해 색, 향, 미가 조금 강하다. 우리나라의 녹차와 같이 규슈를 중심으로 한 지역에서는 가마솥에 덖어서 녹차를 제조하는 곳도 있다. 사가현, 나가사키현을 중심으로 제조되는 우레시노차가 가마솥에 덖어서 만든 차이다. 구마모토현, 미야자키현을 중심으로 제조되는 아오야기차도 가마솥에 덖어서 만든 차이다.

일본에서는 이 두 가지 종류의 차를 가마솥에 덖어서 만든다.

일본은 물이 좋음에도 불구하고 차문화가 발달하게 된 것은 받아들인 차가 말차이기 때문이라고 할 수 있다. 말차는 가루형태의 녹차로 물맛이 좋지 않으면 차의 맛이 잘 나지 않는다.

좋은 물맛을 더 좋게 하기 위해 체계를 만들어 나가고 그래서 도의 경지까지 도달하게 된다.

차의 고전적인 형태는 원래 중국과 한국과 일본이 서로 유사했다. 그러나 중세 이후 일본에서는 직업적으로 차를 다루는 다케노조, 센노리큐 등의 다인들이 활동하여, 이들이 차를 달여서 마시는 여러 가지 규칙, 즉 차를 마시는 때와 장소 및 차를 달이고 접대하는 절차 등을 정하고 또 이 규칙에 따라 차를 즐기는 일을 다도라 하였다. 이후 삼국의 차문화는 각기 크게 다른 길을 가게 되었다.

1. 일본 녹차의 역사

중국 당나라에서 유행했던 다문화는 견당사에 의해 나라시대부터 일본에 전파되었다.

815년 승려 에이추가 임금에게 차를 바쳤다는 내용이 일본에서 가장 오래된 차에 대한 기록이다.

가마쿠라시대 초기에 승려 에이사이가 1168년과 1169년 두 차례에 걸쳐 중국에 가서 선종과 함께 중국의 새로운 다문화를 수입했다. 에이사이는 차가 지닌 약용효능을 강조하는 내용의 『끽다양생기』를 저술했으며, 이는 일본 다도 형성에 많은 영향을 끼쳤다. 에이사이가 전한 차 마시는 좋은 풍습이 선종의 사찰은 물론 무가사회와 서민들 사이에도 널리 보급되었다.

15세기 후반에 새로운 다도 풍토가 생겨났다. 이 시기에 센노리큐는 오나노부나가와 히데요시 등 권력자의 측근에서 다도를 관리하는 책임자인 다두가 되었다. 최고 권력가의 의례적인 다도의 진행을 담당하게 된 그는 차 달이기의 의례적인 측면, 다회의 진행순서, 회석요리 등을 양식화하여 다도를 확립하였다.

센노리큐는 당시에 여러 가지 형태로 전해지던 차 마시기 풍습을 다듬고 체계화해서 개척하였기에 다성이라 일컬어진다. 그의 다도에 대한 고매한 견해는 제자들이 기록한 『남방록』에 잘 정리되어 있다.

– 일본의 다도문화

일본의 다도(茶道, tea ceremony)는 차노유(ちゃのゆ[茶の湯])라고도 하며 일본의 대표적인 문화유산이자 일본인의 생활에 녹아 있는 전통문화이다.

차노유(ちゃのゆ[茶の湯])는 '차를 만들기 위해 끓인 물'이라는 뜻으로 명상하듯 엄숙하게 거행되는 일본의 다도의식, 즉 다도를 의미한다.

차노유는 정해진 다구를 사용하여 일정한 동작과 규칙에 따라 완성된 말차를 만들어내는 것으로 원래 불교 선종의 의식이었지만 일본의 다성이라 불린 센노리큐에 의해 일본의 전통 차문화로 발전되었다.

2. 일본 녹차의 종류

제조시기(제조하는 찻잎을 따는 시기)에 따라 일번차, 이번차, 삼번차라고도 하고 시기에 따라 봄차, 여름차, 가을차, 겨울차라 부른다.

일본의 녹차는 우리나라와 달리 아라차의 개념이 있다.

아라차는 1차 가공차로 농협과 생산자연합의 합동으로 이루어지며 맛이 일정하고 생산자가 채엽, 열처리, 간이유념, 간이건조를 한 후 출하하는 차이다.

2차 가공차는 개인업자들이 완성하는데 이것은 일본에서 차 가공이 연중 가능한 이유이며, 일본 각 제다업체의 기술 활용이 가능한 부분이다.

증기로 쪄서 만든 차 중 대표적인 것은 우리나라의 첫물차에 해당하는 전차(煎茶), 옥로(玉露), 그리고 옥로차를 만드는 방법으로 재배하여 분말화한 말차(抹茶)가 있다.

그리고 우리나라의 두물차에 해당하는 번차(番茶) 등이 증기로 쪄서 만든 차이다. 번차를 다시 한 번 볶아서 구수한 맛이 특징인 호우지차도 있다.

1) 말차(抹茶)

옥로차와 같이 차광재배한 찻잎을 쪄서 그늘에 말린 후 줄기와 잎맥을 제거한 나머지를 맷돌에 곱게 갈아 만든 분말형태의 녹차이다.

말차

물에 타서 마시는 차이기 때문에 우려서 마시는 잎차에 비해 물에 우러나지 않는 찻잎의 유익한 성분을 모두 섭취할 수 있는 장점이 있다.

말차는 다완에 적당량을 넣고 따뜻한 물을 붓고 차선(대나무로 만든 솔)으로 거품이 일도록 저은 다음 마신다.

2) 전차(煎茶)

일본 녹차의 80% 정도를 차지하는 일본의 대표적인 녹차로 4월부터 5월 초 정도까지 재배한 찻잎을 재료로 쪄서 만든다.

전차

차의 모양이 바늘처럼 뾰족하고 가늘며, 진한 녹색이 선명할수록 고급이다.

3) 옥로차(玉露茶)

차를 재배할 때 찻잎이 나올 무렵 차나무에 그늘을 만들어 키운 찻잎으로 만든 녹차이다.

옥로차

일본에서 처음 개발되었으며 찻잎이 1~2개 정도 나올 무렵 차나무에 햇빛을 차단할 수 있도록 차광막을 씌운다. 이렇게 하면 일반적인 방법으로 재배한 것보다 수분을 많이 함유하게 되어 잎의 조직이 부드러워진다.

그리고 아미노산의 함량이 늘어나 부드럽고 감칠맛이 많이 난다.

4) 호우지차

전차와 번차 등의 일반적인 녹차를 다시 한번 덖어서 만든 녹차로 차의 색은 갈색을 띠며 특유의 고소한 맛과 향이 특징이다.

일본의 단팥죽과 단팥빵 등의 단맛이 강한 음식과 함께 마시면 더욱 잘 어울린다.

호우지차

5) 현미녹차

전차나 번차 등의 일본 녹차에 볶은 현미를 5 대 5의 비율로 혼합한 차이다.

일본의 현미녹차는 우리나라의 현미녹차와는 달리 볶은 현미를 부수지 않고 그대로 사용하기 때문에 녹차의 산뜻한 맛과 현미의 구수한 맛이 잘 어우러진다.

현미녹차

3. 일본의 주요 녹차 생산지역

1) 시즈오카(Shizuoka, しずおか)

일본 중부지방 남동부 태평양에 위치한 시즈오카현은 일본 녹차 생산량의 약 40%를 차지할 정도로 일본 제일의 녹차 생산지이다.

일본 어느 곳에서나 쉽게 접할 수 있는 센차부터 고급녹차인 옥로차까지 다양한 녹차를 생산하고 있으며, 다양한 녹차 관련 시설이 있다.

그중 대표적인 곳이 '오차노사토(녹차박물관)'다. 시즈오카공항에서 차로 약 15분 거리에 위치한 시설로, 세계 각국의 녹차문화를 알 수 있는 박물관과 다도체험이 가능한 다실이 있으며 그 외 녹차 관련 제품 판매장이 있다.

특히 이곳은 일본식의 아름다운 정원으로도 유명하며, 날씨가 좋은 날에는 정원에서 후지산이 보이기도 한다.

2) 우레시노(Ureshino, うれしの)

일본 규슈 사가현의 남서부 도시로 우레시노 녹차는 일본 녹차의 시조로 꼽히고 있다. 우리나라의 덖음차와 같이 가마솥을 이용하여 덖어서 만드는 옛 방식을 고수하고 있어 향이 진하고 구수한 맛이 나는 것으로 유명하다.

Chapter
9

중국의 차

Chapter 9

중국의 차

중국은 차의 보고라고 할 정도로 수백 종이 넘는 많은 종류의 차가 있다. 중국에서는 다른 의견을 가진 사람들이 많아 아직 정확하게 정리되지 않은 상태지만 차의 제조공정과 제품의 색상에 따라 녹차(綠茶), 홍차(紅茶), 청차(靑茶), 백차(白茶), 황차(黃茶), 흑차(黑茶)로 대별된다.

차의 종류별 생산분포를 보면 녹차가 73%, 청차 10%, 홍차 5.7%, 흑차 3.3%, 백차와 황차를 합해서 8~8.5%로 녹차의 비중이 가장 높다.

중국인들은 한나라 이전부터 황실과 귀족을 중심으로 차를 마시기 시작하였다. 당나라 때 일반인들도 마시기 시작하면서 중국 사람들의 보편적인 문화가 되었다. 중국인들은 지금도 엄청난 양의 차를 마시는데 쓰촨성 지역 사람들의 경우 일인당 하루에 4리터의 차를 마신다.

대만을 비롯한 중국의 식당에서는 차를 기본적으로 서비스하며 물은 별도로 주문해야 마실 수 있다.

중국에서 차문화가 발달하게 된 배경으로 기름진 음식문화, 불교문화, 황허강 등의 탁한 물, 차 품종의 다양성, 약용으로 차를 마시는 양생치료방, 차 접대문화, 공차와 공차원, 차 관련 국책사업 등을 이유로 들 수 있다.

중국은 프랑스, 터키와 더불어 세계 3대 음식문화를 자랑하는데 중국의 음식은 다양한 재료의 사용과 더불어 기름진 요리가 많은 것이 특징이다. 오리, 돼지, 닭 등의 육류요리뿐만 아니라 채소도 기름에 볶거나 튀긴 것이 많은데 차는 기름기 많은 음식에 좋으며, 육식, 폭식, 음주 후에 마시면 속을 편하게 해주는 역할을 한다.

1. 중국 차의 역사

차는 기원전 2700년경 신농에 의해 발견된 이래 중국인들의 일상생활에서 빠질 수 없는 기호음료이며, 아편전쟁과 같은 역사적인 사건과도 깊은 관계가 있다.

중국인들은 일반 가정과 음식점에서 차를 즐겨 마시는 것은 물론 외출 시에도 각자의 찻잔이나 우려내는 병을 지니고 다니면서 차를 즐긴다.

우리나라를 비롯한 대부분의 나라에서는 물을 기본으로 서비스하는 것에 비해 중국이나 대만의 식당에서는 차를 기본적으로 서비스하며 물은 추가로 비용을 지불하고 주문해야 한다.

이를 반영하듯 국내의 항공사들도 대만을 비롯한 중국 노선에서는 우롱차 등의 중국 차를 추가적으로 서비스하고 있다.

차나무는 중국의 남서부 지역인 윈난(운남), 쓰촨(사천) 등지가 원산지로 알려져 있으며, 차가 발견된 시기는 기원전 2700년경 즉 지금으로부터 약 5000년 전이다.

전설에 의하면 당시 중국에는 신농(神農)이라는 전설의 제왕이 있었는데, 신농의 배는 투명해서 배 안의 위장이 다 보였다고 한다. 신농은 백성들을 생각하는 마음으로 매일 산에 올라 직접 풀을 먹어보면서 자신의 투명한 배의 반응을 보아 그 풀이 몸에 유익한지 해로운지를 알아냈다고 한다.

어느 날 신농은 평소와 같이 산에 올라 풀을 먹고 검사를 하는데 그날 무려 72가지의 독에 걸려 너무 괴로워서 잠시 어느 나무 밑에 누워 쉬고 있는데 그 나무에서 떨어진 잎이 신농의 입으로 쏙 들어갔고, 그 잎을 먹은 후 72가지의 독이 말끔히 해독되었다고 한다. 그때 신농이 먹고 해독작용을 한 것이 바로 찻잎이라고 한다.

차는 처음에는 약용으로 사용되었으며 이후 독성이 없고 건강에 유익한 효능이 알려지면서 약으로써뿐만 아니라 일반인들도 기호음료로 즐겨 마시게 되었다.

하지만 지금 차(茶)라고 하는 명칭과 많은 사람들이 기호음료로 널리 즐기게 된 시기는 중국의 당나라 시대에 이르러서이다.

당나라 이전까지 차는 도(荼)로 표현되었으며, 차(茶)는 쓴 채소와 약초를 의미했다.

지금과 같은 독립된 음료가 아니라 파나 생강, 밀감 껍질과 함께 섞어 열탕으로 일부 상류층에서 즐겨 마셨다.

위촉오 삼국시대에 이르러 오나라의 궁정에서 처음으로 차를 독립된 음료로 마시기 시작했으며 위 · 진(晉)대 이래 과실즙이나 술과 더불어 연회상에 올라 주연(酒宴) 전후에 마셨다.

남북조시대에 다과(茶菓)라는 말이 생겨나고 귀한 손님에게 차와 함께 다과를 함께 대접하는 풍속이 생겨났다.

이후 당나라시대에 이르러 차를 마시는 풍습이 보편화되고 차에 대한 전문적인 연구가 시작되었다. 그리고 현종 735년 차를 의미하는 글자로 茶(차)가 관(官)에서 정하는 한자가 되었다.

중국의 다성(茶聖, 차의 성인)이라 불린 육우(陸羽)에 의해 세계 최초의 차 관련 전문서적인 『다경(茶經)』이 집필되었다.

육우(733~804년 추정)는 중국의 전역을 돌아다니며 차를 맛보고, 차 관련 자료를 모으며 경험과 지식을 쌓게 되었고 이를 바탕으로 차에 관한 지식을 정리한 『다경(茶經)』을 집필하여 중국의 차문화에 크게 기여하였다.

『다경(茶經)』은 3권 10장으로 구성되어 있으며 차의 근원, 차를 만드는 방법과 도구, 차의 그릇, 차 달이는 법과 마시는 법, 차 산지와 문헌, 차의 그림 등이 수록되어 있으며 중국의 차문화가 깊이 뿌리내리는 데 큰 영향을 미쳤을 뿐만 아니라 현재까지도 차 공부하는 사람들에게 훌륭한 교과서로 널리 인정받고 있다.

차 생산의 중심이 양쯔강 유역으로 확대되었으며 이 시기의 차는 크기가 크고 둥근 떡처럼 생긴 병차(餅茶)와 잎차의 형태가 유행하였다.

송나라시대에는 차 생산의 중심이 남방의 푸젠(복건)성으로 옮겨졌다.

특정지역을 정해 조정에 바치는 차만을 재배하는 다원(茶園)을 조성하여 공차(貢茶)가 황실에 바쳐졌다. 다마교역이 성행하였으며 도자기의 황금시대를 맞아 차 전용의 개완이 생겨났다.

당대와는 달리 차를 고운 가루로 만든 후 찻잔에 물과 함께 섞어서 마시는 방법이 유행하였는데 이는 일본의 말차와 차문화에 직접적인 영향을 미쳤다고 할 수 있다. 그리고 차에 대한 관심이 점점 더 커져 투차(鬪茶)라고 해서 차를 우리는 경기 등이 생겨났다.

명나라 이전까지는 주로 녹차를 마셨다면 명나라 때부터 중국에서 제일의 명차로 뽑는 무이암차(대홍포)와 그 외 청차 같은 여러 종류의 차가 생산되기 시작했다.

당나라의 덩이차, 송나라의 가루형태가 아닌 잎차형태의 산차(散茶)를 즐기게 되면서 소형다호에 우리는 방법이 이용되어 현재까지 중국의 대표적인 붉은색을 띠는 소형다호인 자사호가 발전하기 시작했다.

명나라시대에 중국의 차가 유럽으로 전파되어 유럽의 차문화가 시작되는 계기가 되었고 차는 유럽과의 국제교역상품으로 자리 잡았다. 이후 청나라 시대에 영국에서는 차 마시는 문화가 유행하면서 중국의 차를 대량으로 수입하게 되었다.

영국은 청나라에 은으로 그 대가를 지급했는데 그 양이 점점 많아지자 인도에서 재배한 아편을 중국에 밀수출하게 된다.

아편을 접한 국민들의 건강이 나빠지고 막대한 양의 은이 중국을 다시 빠져나가 경제가 휘청거리게 되자 영국 상인들로부터 아편을 빼앗아 불태워버린 후 무역을 금지시켰고 영국은 이것을 구실로 중국을 공격하게 되는데 이것이 바로 중국과 영국 간의 아편전쟁이다.

영국의 신식군대를 이길 수 없었던 청나라는 영국에 굴복하고 난진조약을 맺었으며 홍콩을 영국에 넘겨주는 등의 불평등조약을 맺게 되었다.

이러한 역사를 가진 현재 중국의 차는 중국인들의 일상적인 기호음료 이외에 관광상품으로 그리고 국책사업의 하나로 지속적으로 발전되고 있다.

2. 중국 차의 종류

중국은 차의 발원지로 오랜 역사와 더불어 재배면적과 생산량이 세계 1위이며 차의 종류 또한 수백 종이 넘는다.

중국 정부에서는 차의 품질관리를 위해 주기적으로 10대 명차를 발표한다. 중국 정부가 인정하는 10대 명차로는 서호용정, 기문홍차, 무이암차, 안계철관음, 동정벽라춘, 황산모봉, 군산은침, 백호은침, 보이차, 몽산차 등이 있다.

1) 서호용정차(西湖龍井茶, 녹차)

차나무의 생장에 제일 좋은 조건을 가진 차산지의 하나인 중국의 저장(절강)성 항저우에서 생산되며 중국의 녹차 중에서 가장 명차로 알려져 있다. 용정차는 향, 색, 맛, 모양이 각각 빼어나다 하여 사절(四絶)이라고도 불린다.

2) 기문홍차(祁門紅茶, 홍차)

기문홍차는 중국의 대표 홍차로 인도의 다즐링, 스리랑카의 우바와 함께 세계 3대 홍차 중 하나이다.

중국 안후이(안휘)성에 위치한 기문 지방에서 생산되는 홍차로 일반적인 홍차에 비해 찻물의 색이 주황색을 띠며 은은하고 부드러운 맛이 나며 향이 오래 가는 것으로도 유명하다.

기문홍차는 중국의 고급홍차로도 유명하며, 유럽의 대표적 가향차인 얼그레이나 고급 홍차의 블렌딩에 기본으로 많이 사용된다.

3) 무이암차(武夷岩茶, 청차)

무이암차는 푸젠성 북부 무이산(武夷山, 우이산) 지역에서 생산되는 청차이다.

무이산에는 절벽이 많으며 그 절벽의 바위가 패인 곳에서 차를 재배하기 때문에 무이암차(武夷岩茶)라고도 불린다.

대홍포는 무이암차 중에 대표격으로 절벽에 네 그루 정도가 남아 있으며 5월경에 사다리를 이용해 차의 잎을 딴다. 재배한 차의 잎은 하나하나 손으로 작업하는데 양이 매우 적어 그 희소성으로 인해 가격은 매우 비싼 편이다. 중국에서는 비싼 가격과 희소성 그리고 뛰어난 맛과 향으로 중국 최고의 명차(名茶)로 손님을 대접하는 차로 주로 이용된다.

무이산의 대홍포에 얽힌 재미있는 전설이 전해지고 있다.

한 선비가 과거시험을 치르기 위해 무이산을 지나가다 병이 생겨 사경을 헤매고 있었는데 근처 사찰의 승려가 원숭이를 시켜 절벽에 있는 차를 따서 먹이자 병이 완치되어 무사히 과거를 보게 되었다. 이 선비는 과거에 장원을 하였을 뿐 아니라 왕의 부마로 책봉되어 공주와 혼인하게 되었다. 신세를 진 부마는 은혜를 갚고자 승려를 찾아가 절을 새롭게 단장해 주었다.

그런데 어느 날 왕비에게 병이 생겨 천하의 명의를 불러 치료하였으나 완쾌되지 않았다. 이에 부마가 승려에게 차를 부탁하여 왕비에게 먹이자 질병이 완쾌되었다.

왕은 너무 고마워 자신의 홍포를 벗어 나무 위에 덮어주었다. 그러나 한 나라에 왕은 둘이 될 수 없다는 듯이 왕의 옷을 입은 차나무는 점점 말라죽어 갔다. 이 사실을 안 부마가 왕이 내린 홍포를 걷어내자 오색찬란한 빛이 생기고 차나무는 다시 살아났다고 한다.

4) 안계철관음(安溪鐵觀音, 청차)

안계철관음은 우롱차 중 하나로 푸젠성 안계현에서 생산되며 이곳은 산이 많고 사시사철 기온이 따뜻하고 강수량이 많다. 철관음은 맛은 달고 향은 주로 꽃향이 나며 차를 마신 후에 입에서 과일향이 난다. 철관음은 여러 번 우려내도 맛과 향이 변함이 없다.

대홍포와 마찬가지로 안계철관음에 얽힌 전설이 있다.

안계현에 한 농부가 매일 맑은 차를 끓여 관음상에게 바쳤다. 그러던 어느 날 밤 관음이 이 농부의 꿈에 나타나 발 뒤 돌무더기에 차나무가 한 그루 있는데 이 나무가 마을을 부유하게 해줄 것이라고 하였다. 꿈에서 깬 농부가 그 나무를 찾아보니 정말 특이한 차나무가 한 그루 있었다. 관음의 말대로 그 나무는 마을 사람들의 생활을 풍요롭게 만들었다. 마을 사람들은 그 차나무의 이름을 관음상의 이름을 따서 철관음이라 부르게 되었다.

5) 동정벽라춘(洞庭壁螺春, 녹차)

동정벽라춘은 중국 녹차의 한 종류로 장쑤(강소)성 소주 동정산(洞庭山)의 133km² 반경 내에서 자라는 찻잎으로 색이 푸르고 소라처럼 구불구불한 모양이 특징으로 붙여진 이름이라 할 수 있다.

향기가 아주 뛰어난 차로도 유명한데 재배환경이 특이하게 배, 은행, 매실, 감, 복숭아 등의 과일나무와 함께 간작을 한다.

이러한 과일나무들은 자연스럽게 차나무에 직접 내리쬐는 태양광선을 막아주는 역할을 하여 차의 맛을 부드럽게 하고 독특한 향기 형성에 도움을 주게 된다.

동정벽라춘 중에서 고급일수록 찻잎이 가늘고 은백색의 융모로 표면이 덮여 있어 은은하고 우아한 과일향과 꽃향이 난다.

6) 황산모봉(黃山毛峰, 녹차)

안후이(안휘)성 남부의 황산(黃山) 해발 1,200m 지대에서 생산된 녹차이다. 안후이성의 기문홍차와 함께 중국의 명차로 손꼽힌다.

잎의 크기가 작고 은백색 털이 찻잎을 덮고 있는 모양이 백차와도 비슷하다. 향기가 뛰어나고 맛이 부드러우며 신선함이 느껴진다.

7) 군산은침(君山銀針, 황차)

군산은침은 중국 후난(호남)성 동정호 부근에서 생산되는 차로 청명(淸明) 전후 3~4일에 걸쳐 어린잎을 따서 먼저 솥에서 열처리를 한 뒤 1차 건조시킨다. 다시 수분함량 50~60% 정도에서 종이로 싼 뒤 목상자와 철제 상자에 넣고 40~48시간 저장시켜 만든다.

온화한 향기와 산뜻한 맛이 뛰어나 고급차로 꼽힌다.

8) 백호은침(白毫銀針, 백차)

백호은침은 백차 중에서도 최고급품으로 봄에 나온 어린 싹만을 따서 만들기 때문에 차의 표면에 흰색의 솜털이 붙어 있어 은백색을 띤다. 찻잔에 뜨거운 물을 부으면 차의 잎이 하나씩 세워져 마치 꽃잎이 춤을 추듯 아래, 위로 오르내리는 모양이 매우 우아하다. 또한 향기가 좋고 단맛이 나며, 떫은맛이 적고 녹차보다 오래 보관해도 향미의 변화가 적다.

9) 보이차(普洱茶, 흑차)

보이차(푸얼티 : puer tea)는 후발효차인 흑차 중 대표적인 차이다. 보이차라는 명칭은 보이(普洱)현에서 주로 거래된 차에 붙여진 이름이며 푸얼은 보이의 영어식 발음이다.

보이, 즉 푸얼(Puer)은 중국 윈난(운남)성 남서부에 있는 지역으로 대표적인 차 산지이다.

차가 완전히 건조되기 전에 퇴적하여 곰팡이가 번식하게 함으로써 곰팡이에 의해 자연스럽게 후발효가 일어나게 한 차이다. 저장기간이 오래될수록 고급차로 간주되며, 체내의 기름기 제거효과도 강하여 기름진 음식과 잘 어울린다.

홍콩이나 싱가포르, 광둥 지방에서 주로 많이 소비되고 있으며 오래 숙성시킬수록 향기가 풍성해지기 때문에 가격이 비싸고, 수십 년을 두고 오래 소장할 목적으로 수집하는 전문가들이 많다.

보이긴압차는 운반의 편이와 장기간 저장을 위해 찻잎에 수증기를 가한 다음 틀에 넣고 압착하여 일정한 형태의 덩어리로 만든 차 제품이다. 형상에 따라 타차, 전차, 인두차 등 여러 가지로 불린다.

칼로 잘게 썰어서 우려 마시며 버터나 밀크, 소금을 첨가하여 마시기도 한다.

10) 몽산차(蒙山茶)

중국 서남부 쓰촨(사천)성의 몽정산에서 나는 차로 발효 정도에 따라 녹차 또는 황차로 만들어진다.

쓰촨성은 중국에서도 차가 최초로 재배된 지역으로 온도가 따뜻하고 습도가 높아 차가 많이 생산되는 곳이며 그중에서 가장 좋은 차는 몽정산에서 나는 몽산차로 오랜 역사와 함께 황실에 바쳐진 공차(貢茶)로도 유명하다.

3. 중국 차의 주요 생산지역

중국은 녹차, 홍차를 비롯하여 세계 최대의 차 생산면적과 생산량을 자랑한다. 중국의 차는 생산지역이 넓은 만큼 크게 강남지역, 강북지역, 화남지역, 서남지역으로 구분한다.

강남지역은 후난(호남)성, 후베이(호북)성, 장시(강서)성, 후이(안휘)성, 저장(절강)성, 장쑤(강소)성 등이 포함되며 주로 녹차와 황차가 생산된다.

강북지역은 허난(하남)성, 산둥(산동)성, 산시(산서)성, 간쑤(감숙)성, 장쑤(강소)성 일부 등이 포함되는데 녹차가 주로 생산된다.

화남지역은 광시(광서)성, 광둥(광동)성, 푸젠(복건)성, 대만, 하이난(해남)성 등이 포함되고 녹차, 홍차, 청차(오룡차), 백차 등이 생산된다.

서남지역은 쓰촨(사천)성, 윈난(운남)성, 구이저우(귀주)성 등이 포함되며 녹차, 홍차, 흑차 등이 생산된다.

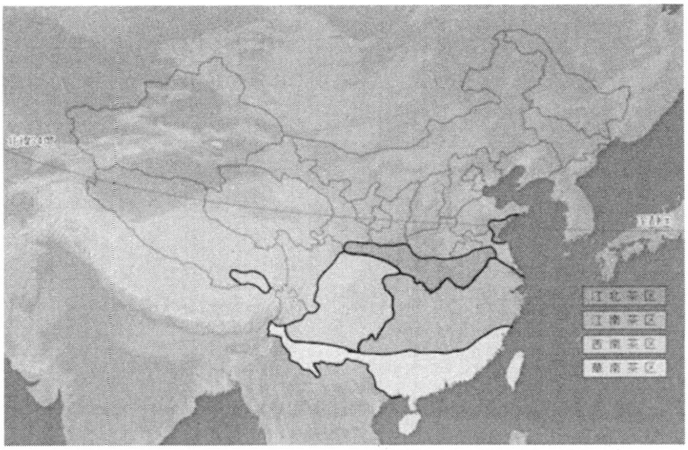

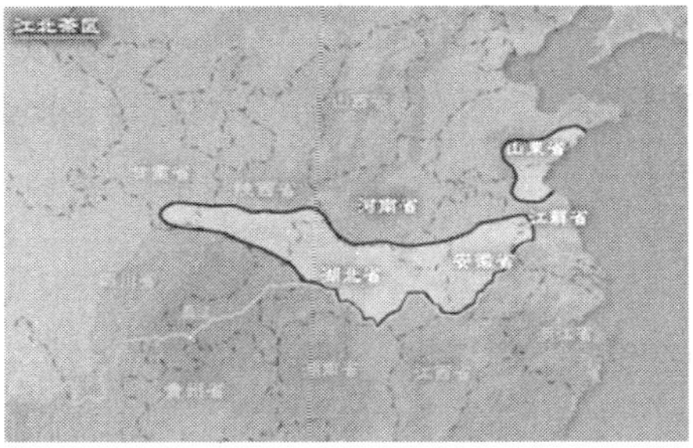

강북지역

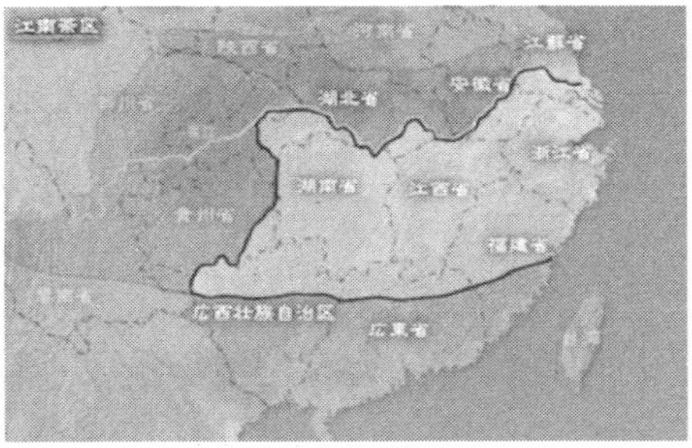

강남지역

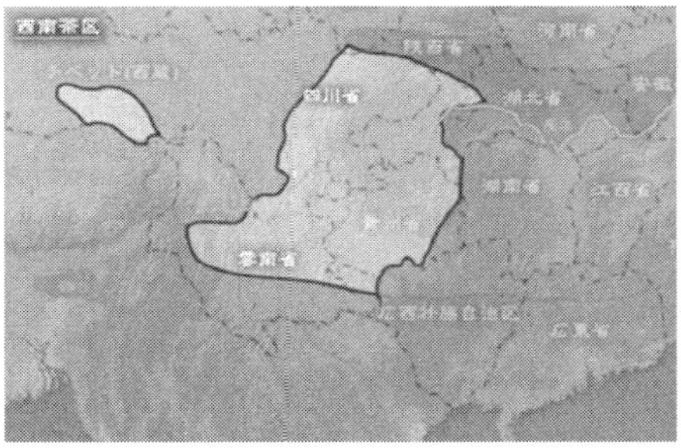

서남지역

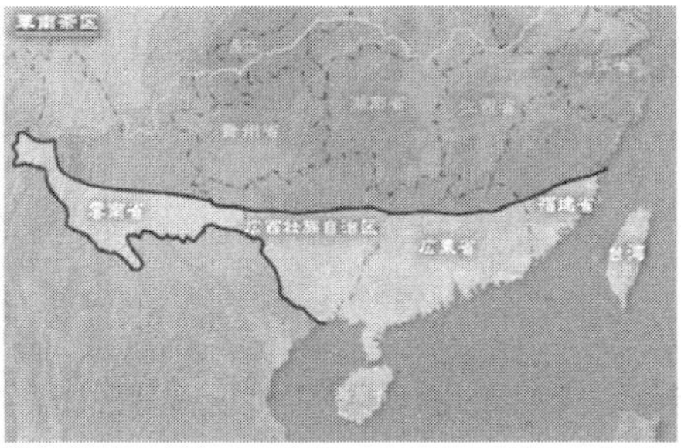

화남지역

중국 차 생산지역

사진 출처 : www.chinatea.org

Chapter 10

유럽의 차

Chapter 10

유럽의 차

유럽의 차는 1610년 일본의 녹차가 네덜란드에 수출되면서 시작되었다. 일본 무사(武士)들의 다회(茶會)로 차를 처음 접한 네덜란드인들은 차에 큰 관심을 가지게 되었고 단순한 음료가 아닌 신비한 문화로 강렬한 인상을 받았다. 이후 차는 국제교역상품으로 부상하게 되었고, 차문화의 기본이 되는 녹차와 다기를 유럽으로 보내게 되었다.

네덜란드로 수출된 차는 프랑스, 독일, 영국 등 유럽의 여러 나라로 재수출되었다. 네덜란드는 일본의 녹차뿐만 아니라 중국에서 구입한 차를 암스테르담으로 보냈으며 그 후 유럽인들의 입맛에 더 가깝고, 당시 유행하던 시누아즈리(chinoiserie)의 영향으로 중국의 차가 유행하게 되었다.

차가 유럽으로 전해질 당시 유럽 알코올의 소비가 과다하게 이루어져 이를 비판하고 고치려는 노력이 있었지만 쉽지 않았다.

이러한 음주문화를 없애기 위해서는 대체음료가 필요하였으며, 같은 시기에 커피, 초콜릿, 차가 유럽으로 건너오면서 대표적인 음료로 자리 잡게 되었다.

그중 커피와 차는 유럽인들에게 소통, 만남, 대화를 제공하는 음료로써 커피하우스, 티룸 혹은 가정에서 즐겨 마시는 음료로 자리 잡게 되었다.

시누아즈리(chinoiserie)

서양 특히 유럽에서 유행한 중국풍을 말하는 것으로 중국의 차를 비롯하여 중국의 도자기 등에 폭발적인 관심을 보였다. 처음엔 유럽의 왕족과 귀족들의 수집 정도에 머물렀으나 이후 크게 유행하게 된다.

시누아즈리는 당시 바로크 양식이나 로코코 양식의 흐름과 어우러지며 전 유럽으로 확산되었는데 프랑스어에서 그 기원을 찾을 수 있는 것처럼 그 원동력이 프랑스에 있음을 반영한다.

유럽인들의 마음을 단번에 빼앗은 시누아즈리 열풍의 핵심에는 징더전 가마에서 만든 청화백자와 파미르 로즈(famille rose)와 파미르 베르(famille verte)라는 색채자기가 큰 역할을 했다.

특히 16세기부터 네덜란드 동인도회사가 유럽에 대량으로 수송해 온 중국 징더전의 청화백자는 시누아즈리의 중심에 있을 정도로 크게 유행했다.

18세기에 들어서는 황금알을 낳는 백색 자기를 개발하기 위해 유럽 각국에서 많은 노력을 한다. 마침내 독일의 마이센 가마에서 자기 개발에 대한 열매를 맺게 된다.

점차 유럽 각국은 시누아즈리 열풍만을 좇지 않고 모방과 더불어 독창적인 문양과 형태의 자기를 만들며 도자기 역사의 주체가 된다.

중국과 일본 자기 기술의 바탕 위에 이미 스테인드 글라스나 에나멜 공예를 통해 얻은 발색의 비법을 더하며 유럽의 도자기는 빠르게 성장하게 된다. 17~18세기 유럽에서 유행했던 중국 스타일의 가구나 의상, 도자기 등을 모방하는 시누아즈리 유행풍조는 서서히 매력을 잃게 된다.

출처 : 정은희, 홍차이야기

1. 영국의 홍차

영국은 1630년대에 네덜란드를 통해 중국 차를 처음 접하였으며 그것은 청차의 하나인 보헤아(무이)차였다. 그 이후 영국이 유럽 국가 중 차교역의 중심이 되고 1766년에는 유럽 최대의 차 소비국이 되었다.

영국의 차문화가 형성된 계기는 찰스 2세와 포르투갈 캐서린 공주(Catherine

of Braganza, 1638~1705)의 결혼이다.

캐서린 공주는 시집을 가면서 평소 즐겨 마시던 차와 다구, 그리고 차 시종을 영국으로 데려가 영국에서 차를 마시기 시작했다. 캐서린 공주는 평소 즐겨 마시던 차와 함께 설탕을 가져가게 되었고 왕실에서 혼자 혹은 귀족들과 함께 차를 마시기 시작하면서 영국 왕실에 차문화가 시작되었다.

포르투갈은 설탕 공급을 거의 독점하고 있던 브라질을 식민지화하고 있었기 때문에 결혼 지참금으로 설탕을 가져가게 되었다.

당시의 차는 진귀하고 사치스러운 기호품이었으며, 설탕 또한 귀중품으로 차에 설탕을 넣어 마신다는 것은 왕실과 상류층에게만 가능한 일이었다.

캐서린 왕비로부터 시작된 영국의 차문화는 메리 여왕과 앤 여왕으로 이어지면서 상류사회로 확산되었고 새로운 풍습으로 정착되었다.

메리 여왕은 홍차에 설탕과 우유를 넣어서 마시는 방법과 화려한 티 세트를 유행하게 했으며, 앤 여왕은 서양배 모양의 티포트를 특별 주문하기도 했다.

1600년대 말까지 귀족계층들만 마시던 차는 런던에서 개러웨이 커피하우스를 운영하던 토마스 개러웨이에 의해 일반인들에게 알려지게 되었다.

개러웨이 커피하우스에서 판매하는 차는 질병의 예방과 치료에 효과가 있다고 알려지면서 큰 인기를 얻게 되었고 사교와 정보교환의 장이었던 커피하우스에서 차가 판매되면서 기호음료로 보급되어 갔다.

차의 소비가 지속적으로 증가하자 커피하우스 외에 식품점, 잡화점에서도 차가 판매되기 시작했고 상류층을 동경하는 중류층과 서민층(일반대중)으로 확대되기 시작했다.

18세기 중반 즈음에는 극빈층을 제외한 모든 가정에서 홍차를 마시기 시작했으며 가정에서뿐만 아니라 여행할 때나 공중위락시설 등 어디서나 즐기는 음료가 되었다.

차는 영국인들의 일상음료로 자리 잡아갔지만 차의 값은 비싼 편이었다. 19세기 영국의 식민지였던 인도의 아삼(Assam) 지역에서 야생 차나무가 발견되고 더불어 인도와 스리랑카에서 차 재배에 성공하면서 차를 싸게 구입할 수 있게 되었다. 그 후 영국의 홍차는 급속히 대중화되어 서민들의 기호식품으로 자리 잡아갔다.

17세기 왕실과 귀족의 전유물로 여겨졌던 차는 산업혁명을 거치면서 노동계층의 상징으로 자리 잡게 된다.

노동계층은 힘든 육체노동과 고된 생활을 견디기 위해 알코올음료에 많이 의존했다. 그러다 보니 자연스럽게 작업능률이 오르지 않음은 물론이거니와 불량품의 비중도 높은 편이었다.

공장주들은 이런 노동자들의 생산성을 높이기 위한 방법으로 티 브레이크(Tea Break)를 실시하였다.

노동하는 사이사이에 차를 제공하는 것으로 차를 마시며 잠시 휴식을 취하자 작업능률의 향상과 불량품의 비중도 상당히 감소하였다.

노동생산성 향상을 위해 시작한 티 브레이크(Tea Break)는 현재 커피 브레이크(Coffee Break) 혹은 쉬는 시간의 의미로 많이 사용된다.

영국의 티타임

영국인들은 차를 많이 마시고 좋아하는 것으로 유명하다.

우아함과 편안함을 느끼게 하는 영국인들의 티타임은 시간대별로 부르는 이름을 달리하여 특별함을 나타낸다고도 할 수 있다.

(1) 얼리모닝 티(Early morning tea or Bed tea)

아침 6시경 침실에서 마시게 되는 차로 잠을 깨우기 위해 조금은 진하게 마신다. 남편이 아내를 위해 준비(남편의 애정도를 나타냄)

(2) 브렉퍼스트 티(Breakfast tea)

7시경 아침식사와 같이 마시는 차

(3) 일레븐즈 티(Elevenses tea)

캐주얼한 분위기의 오전 11시 티타임

cf) elevenses : 오전 11시경에 먹는 가벼운 식사[다과]〈커피나 홍차만 마시기도 함〉

(4) 미드 티(Mid tea or Lunch tea)

점심식사와 함께 가볍게 마시는 티

(5) 애프터눈 티(Afternoon tea or low tea)

오후 2시~4시의 화려한 티타임, 귀족문화를 기반으로 발전된 만큼 화려하고 푸짐한 티 푸드(tea food)가 곁들여지는 사교의 시간. 보통 응접실의 낮은 탁자에서 먹는다고 하여 로 티(low tea)라고도 불린다.

(6) 하이 티(High tea or meat tea)

고기류와 함께 제공되는 간단한 저녁식사. 주로 서민층이 즐겨 마심

(7) 애프터디너 티(After dinner tea)

저녁식사를 마치고 느긋하게 즐기는 차. 초콜릿 등의 달콤한 과자를 곁들

이기도 하고 위스키나 브랜디 등을 첨가해서 마시는 남성들의 사회적인 티타임

(8) 나이트 티(Night tea)

마지막에 잠자리에 들기 전 차에 우유를 많이 넣어서 마시는 티타임

이 중에서 가장 유명한 티타임으로 애프터눈 티(Afternoon tea or low tea)를 꼽을 수 있는데 1840년경 베드퍼드(Duke of Bedford) 후작 부인인 안나마리아(Anna Maria)가 당시 밤 9시경이 아니면 먹지 못했던 저녁식사까지의 공복감을 채우기 위해 하녀에게 차, 버터, 빵 그리고 케이크를 쟁반에 담아 가져오게 한 것이 시초라고 한다. 그 후에 친구들을 초대하여 담소를 나누며 마시게 되는데 이런 모습이 귀족들 사이에서 퍼지게 되었다. 당시에는 스타일도 시간도 정해진 약속도 없이 시작은 대체로 4시경이었다고 한다.

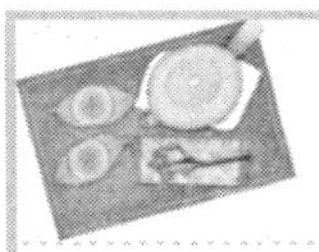

영국에서 홍차가 유행하게 된 이유

① 유럽 중에서도 특히 영국에서 홍차가 유행하게 된 이유는 다른 유럽 국가들에 비해 물에 석회성분이 없어 차를 우리는 데 적당하기 때문이다.

② 비가 자주 오고 안개가 많고 습한 날씨가 따뜻한 차와 잘 어울리기 때문이다.

③ 프랑스의 와인, 독일의 맥주와 같이 독특하고 뚜렷한 음료가 없었다(대중음료).

④ 영국의 식민지인 인도에서 야생 차나무가 발견되고 더불어 차 재배에 성공하여 공급하게 하였다(대중화).

⑤ 상류사회에서 시작되어 상류사회를 동경하는 중류층과 서민계층까지 자연스럽게 확대되었다.

⑥ 식사와 함께, 그리고 기름기, 버터, 치즈, 잼과 같이 느끼하고 단 음식에는 떫고 진한 맛의 차가 어울린다. 그래서 녹차보다 홍차가 유행하게 되었다.

2. 러시아의 홍차

러시안 카라반(Russian Caravan)이라는 홍차는 중국의 차가 낙타 등에 짐을 싣고 떼지어 다니면서 특산물을 사고 파는 상인의 집단 즉 카라반(캐러밴이라고도 함)에 의해 러시아에 전해진 데서 이름 붙여진 홍차의 한 종류이다.

이처럼 러시아는 유럽의 다른 나라들과 전해진 방법이 사뭇 다르며 마시는 방법 또한 진한 홍차에 레몬을 첨가하거나 잼이나 꿀을 넣어서 매우 달게 마시는 특징이 있다.

러시아 홍차의 또 다른 특징으로 '스스로 끓인다'는 말에서 유래한 '사모바르(Samovar)'를 들 수 있다.

사모바르는 작은 난로 위에 찻주전자를 올려놓은 형태의 기구이다.

난로의 가운데 부분에 숯이나 나무조각, 솔방울 등의 땔감을 이용해 불을 피우는 곳이 있으며, 그 주위를 물로 채울 수 있게 되어 있다.

끓인 물을 뺄 수 있는 꼭지가 있어 찻주전자에 물을 부어 차를 우릴 수도 있고 차가 들어 있는 찻주전자를 난로 위에 올려놓고 수시로 마실 수도 있는 형태이다.

차의 보급과 더불어 춥고 건조한 러시아에서 사모바르는 난방기구와 가습기의 기능을 동시에 할 수 있어 주부들의 재산목록 1호로 자리 잡았다.

사모바르를 통해 우려진 홍차는 오랜 시간 우려지게 되어 맛과 색이 진하고 떫은맛이 강하게 난다.

이러한 점을 보완하기 위해 레몬을 첨가하여 주로 마시게 되었다고 할 수 있다. 홍차에 레몬을 넣게 되면 홍차의 떫은맛이 약해지고 홍차의 색이 옅어지고 상큼함을 더할 수 있다.

3. 미국의 홍차

미국의 홍차는 편리함과 실용성을 바탕으로 홍차의 대중화에 큰 영향을 미쳤다. 티백형태의 홍차, 아이스티, 인스턴트 티 파우더의 발명이 모두 미국에서 이루어졌다.

첫 번째, 티백은 1908년 뉴욕의 차 상인인 토마스 설리반에 의해 발명되었다. 홍보용으로 차 샘플을 실크로 된 작은 헝겊에 싸서 보냈는데 이것을 받은 사람이 그대로 차를 우려서 마시게 된 것이 시초라고 할 수 있다.

차를 따로 덜어야 할 필요도 없고, 찻주전자를 씻기도 간단했기 때문에 이후 티볼(Tea ball, 현재의 Infuser 인퓨저)의 형태로 발전해 널리 이용되었다.

초창기의 티백은 면이나 얇은 거즈로 만들어졌으며, 1950년경에 이르러 현재 주로 사용하는 종이티백이 개발되었다. 그리고 현재는 다양하고 새로운 형태의 티백이 개발되고 있다.

두 번째, 최근 젊은 층에서 특히 인기 있는 아이스티의 개발이다. 아이스티는 1904년 미국의 세인트루이스 세계무역박람회에서 처음 만들어졌다.

영국인인 리차드라는 차 상인이 인도산 홍차를 대량으로 준비했다 날씨가 너무 더워 뜨거운 차를 마시려는 사람이 하나도 없자 얼음을 넣어 아이스티를 만들었는데 순식간에 인기를 얻었다. 아이스티는 미국에서 시작하여 현재 미국에서 소비되는 홍차의 80% 정도를 차지한다.

세 번째 티 파우더는 물을 부어서 저으면 바로 녹는 인스턴트 티라고 할 수 있다. 미국의 홍차 대표 브랜드인 립톤에서 만들어졌으며 최근 아이스티를 만들 때 주로 사용되고 있다.

4. 홍차의 도구(Tea ware)

홍차를 우릴 때 필요한 도구, 즉 티를 즐기기 위한 도구들을 통틀어 티웨어(Tea ware)라고 부른다.

17세기 홍차가 유럽에 전해진 이후 초기의 티웨어는 중국의 자기를 수입하여 그대로 사용했다.

따라서 홍차용 찻잔 또한 손잡이가 없는 형태였으며 이후 홍차의 인기와 함께 홍차를 마시기에 적합하도록 손잡이가 달리고, 크기는 커지고, 백색의 자기로 변화되었으며 이후 화려하고 독창적인 문양과 형태의 자기를 만들며 유럽의 도자기 문화에 큰 영향을 미쳤다.

- **Tea pot(티팟 또는 티포트)** : 차를 우려내는 티포트는 주로 1리터 정도의 용량으로 커피포트에 비해 키가 작은 둥근 형태로 자기 재질이 주로 이용된다. 티포트의 뚜껑 안쪽에는 뚜껑을 고정시킬 수 있는 스토퍼(Stoper)가 달려 있어 한 손으로도 차를 따를 수 있는 편리한 형태를 주로 하고 있다. 자기 재질 이외에 홍차가 우러나는 모습을 직접 볼 수 있는 유리제품을 사용하기도 한다.

- **Tea cup & Saucer(티컵과 받침)** : 홍차용 잔은 홍차의 맛과 향, 색을 감상하기에 적합하도록 커피잔에 비해 입구가 넓고 높이가 낮은 형태를 하고 있으며, 내부는 백색을 띠고 있는 것이 대부분이다.
  잔의 입구 테두리 부분이 나팔꽃 모양으로 살짝 젖혀진 형태들도 많은데 이 또한 입술에 부드럽게 닿아 차를 마시기에 편안하고 향을 충분히 느낄 수 있는 형태라고 할 수 있다.

- **Strainer(스트레이너) :** 티포트에서 우려진 차를 잔에 따를 때 찻잎을 걸러 주는 도구이다. 티백 형태가 아닌 홍차를 우릴 때 필요한 도구로 재질은 은, 은도금, 스테인리스(stainless), 도자기 등으로 다양하며, 티 테이블을 화려하고 우아하게 장식해 주는 역할도 한다.
  스트레이너는 재질에 따라 구멍의 크기가 다른데 도자기 재질의 경우 구멍이 비교적 크기 때문에 찻잎이 큰 차를 우리기에 적합하다.
  은으로 만들어진 스트레이너는 모양이 화려하고 차의 맛을 좋게 하는 장점이 있지만 고가인 점이 단점이라고 할 수 있다.
  따라서 은 도금한 것과 스테인리스 제품이 비교적 저렴하고 구멍이 작고 촘촘해서 찻잎의 크기에 상관없이 폭넓게 사용할 수 있다

- **Infuser(인퓨저) :** 금속형 티백으로 흔히 Tea ball(티볼)이라고도 한다. 인퓨저에는 전체적으로 구멍이 뚫려 있고 속에 찻잎을 넣을 수 있도록 되어 있어 티백처럼 티포트와 찻잔에 넣어 차를 우려 스트레이너 없이 간편하게 차를 마실 수 있는 도구이다.
  인퓨저에 찻잎을 넣고 찻잔에서 우린 후 건져내어 간편하게 차를 즐길 수 있다.
  하지만 인퓨저 속에 있는 찻잎은 원활하게 대류하므로 차가 제대로 우려지지 않는다. 따라서 차맛을 제대로 느끼기 위해서는 티포트와 스트레이너를 이용하는 것이 더 좋다고 할 수 있다.
  인퓨저는 간편함과 편리함을 살려 다양한 크기와 모양의 형태가 새롭게 만들어지고 있다.

- **Tea measure(Tea measure spoon, 티 메저, 계량스푼) :** 차를 우리기에 적당한 양을 측정하는 도구, 즉 정확한 양의 차를 계량하는 용도로 사용되는

스푼형태의 도구로 일반적인 용량은 대략 3g 정도이다. 보다 정확한 용량을 측정하기 위해서는 저울을 사용한다.

- **Tea cozy(티코지) :** 홍차는 95~100℃의 고온에서 우려내야 하며 우리는 동안에도 또 마시는 동안에도 온도를 유지하는 것이 중요하다.
그 이유는 고온의 물에 차를 우렸을 때 맛과 향이 뛰어나면서도 좋은 빛깔을 띠게 되고 온도가 급강하하게 되면 맛과 향이 저하될 뿐만 아니라 떫은 맛을 강하게 느끼게 되기 때문이다.
티코지는 티포트에 차와 뜨거운 물을 부어 차가 우러나는 동안 티포트에 씌워 온도가 내려가지 않도록 유지시키는 덮개를 말한다.
차가 다 우려지면 티코지를 벗겨내고 차를 따른다.
티코지는 여러 가지 소재로 만들 수 있으며, 두 장의 천 사이에 솜, 거위털 등을 넣고 누벼서 사용하며 겉에 자수와 구슬 등으로 장식하기도 하고, 뜨개실을 이용한 수공예품까지 다양하다.

- **Tea warmer(티워머) :** 티워머는 티코지와 같이 차의 온도를 유지시키는 보온도구로 양초, 즉 티캔들(tea candle)을 사용하여 직접 가열한다.
티코지는 차를 우리는 동안에, 티워머는 차를 마시는 동안에 온도를 유지하는 보온도구라고 할 수 있다.
차를 우리는 동안 혹은 찻잎이 들어 있는 티포트를 차를 마시는 동안에도 티워머 위에 올려놓을 경우 너무 진하거나 떫은맛이 강하게 날 수 있기 때문에 잘 우려 걸러진 차만을 담은 티포트를 올려 보온하는 것이 좋다.
도자기, 유리, 스테인리스 재질의 제품이 있으며 차를 마시는 동안 티워머 위에 티포트를 올려두고 적당량을 따라서 마신다.

- **Milk jug(밀크 저그) 또는 Milk pitcher(밀크 피처)** : 홍차에 넣을 우유를 담는 도구로 홍차의 종류에 따라 아삼과 같은 진한 홍차의 경우 슈거 볼과 함께 사용한다.
  유리나 도자기 재질의 제품을 주로 사용하며 은제품을 사용하기도 한다.

- **Sugar bowl(슈거 볼)** : 홍차에 넣는 설탕을 담아두는 용기로 주로 밀크 저그와 함께 사용한다. 가루 설탕일 때는 슈거 볼에 알맞은 ladle, 각설탕일 경우 집게를 반드시 함께 놓는다.

- **Sand glass, Hour glass(모래시계) 혹은 Tea timer** : 홍차의 종류에 따라 우려내는 동안의 시간을 잴 때 사용하는 것으로 모래시계와 전자식 타이머를 사용하기도 한다. 모래시계의 경우 기본적으로 3분, 홍차의 종류에 따라 5분, 7분용으로 각각 달리 사용한다.

- **Teabag tray(티백 트레이, 티백받침)** : 티백형태의 홍차를 마실 경우 알맞게 우려진 티백을 건져 올려놓는 용도로 사용하며, 인퓨저를 놓는 용도로 쓰이기도 한다. 주로 도자기 재질이 많으며 티백형태의 홍차를 서비스할 경우 반드시 함께 제공해야 한다.

- **Tea bag squeezer(티백 스퀴저)** : 홍차 티백의 경우 우리가 흔히 사용하는 1인용으로 실이 달려 있는 것과 달리 티포트에 넣어서 사용하는 형태로 건져내는 실이 달려 있지 않은 티백이 있다. 이 경우 티백 스퀴저를 이용해 일정한 시간이 지난 후 건져내야 한다. 티백 스퀴저는 일반적인 집게와 같이 뾰족하면 티백이 찢어질 수 있기 때문에 납작한 형태로 티백 안에 남아 있는 홍차를 짜내는 역할도 함께 한다.

- **Cake stand(케이크스탠드; 2단, 3단) :** 2단 또는 3단으로 된 케이크스탠드는 차(티)와 함께 티푸드(Tea food)를 곁들일 때 주로 사용한다. 오후 2~4시의 애프터눈 티타임에는 주로 3단의 케이크스탠드를 사용하며 단맛이 강한 티푸드를 제일 위로 올린다. 제일 아래에는 샌드위치, 중간에는 스콘, 제일 위에는 미니 조각 케이크 등을 올려놓는다.

- **Tea caddy(티 캐디) :** 차를 담아 보관하는 용기로 금, 은, 도자기, 스테인리스, 나무 등 다양한 재질의 제품이 있으며 그중 스테인리스 재질의 티 캐디가 가장 대중적이다. 티 캐디는 차를 담아두는 실용적인 목적 이외에 장식용으로도 이용된다.

- **Tea mat(티 매트) :** 차를 우려내고 마시는 동안 티포트 밑에 깔아 바닥의 찬 기운이 올라오는 것을 막아 차의 온도를 유지하기 위한 매트이다.

- **Tea napkin(티 냅킨) :** 티 테이블에 제공되는 냅킨으로 일반적인 식사 테이블에 사용되는 냅킨보다 크기가 작은 것이 특징이다. 차를 마실 때 음식물이 옷에 떨어지는 것을 막기 위해 제공되는 것으로 리넨이나 티 테이블에 어울리는 화려한 레이스나 자수문양이 들어간 것을 주로 사용하였으나 최근에는 종이 재질의 티 냅킨이 주로 사용된다.

- **Tea towel(티 타월) :** 홍차를 따를 때 흘러내리는 차를 닦는 용도로 사용되며 티포트 아래 받쳐서 사용한다. 흡수력이 좋고 세탁이 편리한 리넨이나 면을 소재로 한 제품이 대부분이다.

- **Tea for one(티포원) :** 티포트가 찻잔 위에 올려져 있는 형태로 보관이 용이하게 제작된 형태의 티 세트이다.

- **기본 홍차 세트(적정량의 홍차가 티포트에 들어가 있는 경우) :** Tea pot(티포트), Tea cup & Saucer(티컵과 받침), Strainer(스트레이너), Tea cozy(티코지), Sugar bowl(슈거 볼), Sand glass(모래시계), Milk jug(밀크 저그), 티스푼

- **애프터눈 티 서비스 :** 기본 홍차 세트에 케이크스탠드(3단 or 2단), 티푸드, 냅킨(napkin), 개인접시 + (잼 + 버터), 나이프, 포크

영국의 애프터눈 티타임 테이블

케이크스탠드와 티푸드

Chapter
11
대용차

Chapter 11

대용차

차(茶)는 차나무의 잎이나 순을 재료로 만든 기호음료로 주로 식사 후, 혹은 여가시간에 즐겨 마시는 녹차, 홍차를 비롯하여 청차(우롱차), 백차, 황차, 흑차(보이차)를 말한다.

따라서 대용차는 차(茶)를 대신하여 끓이거나 뜨겁게 마시는 거의 모든 음료를 말한다고 할 수 있다.

우리나라에서는 전통 한방차라고 할 수 있는 모과차, 쌍화차, 유자차, 율무차, 그 외 여러 가지와 서양의 대표적인 허브티 그리고 커피도 대용차라고 할 수 있다.

대용차는 차와 같이 머리를 맑게 해주고, 소화를 도와주는 역할 이외에 일반적으로 알려진 대표적인 효능으로 모과차는 기관지염과 감기에 좋으며, 쌍화차는 피로회복에 허브티는 피부미용 등에 좋다. 그 외에도 다양한 효능을 가진 많은 종류의 대용차가 있다.

차와 커피의 주요 성분 중 하나인 카페인을 싫어하는 사람들이 많이 음용하고 있다. 대용차 중 가장 인기 있는 것으로 커피를 들 수 있는데 최근 몇 년 동안 꾸준히 성장하고 있다.

1. 커피

프랑스의 정치가 탈테랑(18세기)은 커피는 "악마같이 검으나 천사같이 순수하며, 지옥같이 뜨거우나 키스처럼 달콤하다"라고 표현했으며 17세기부터 세계의 유명 정치가, 문학가, 예술가 등이 즐겨 마신 음료이다.

커피는 커피나무의 열매 속에 들어 있는 씨앗을 가공하여 만든 음료로 우유나 초콜릿 등 다양한 재료를 첨가하거나, 에스프레소와 핸드 드립 등 추출 방법 또한 다양하여 최근 전 세계인들이 가장 즐겨 마시는 음료 중 하나라고 할 수 있다.

커피는 커피나무의 열매(Coffee Cherry, 커피체리), 커피나무 속의 씨앗, 그 씨앗을 박피 · 건조하여 만든 생두(Green Bean), 생두를 볶은 상태의 커피 원두(배전두, Roasted Bean), 볶아진 커피 원두를 분쇄한 커피가루(Ground Coffee), 커피가루로 추출한 커피 음료를 모두 '커피(Coffee)'라고 한다.

커피나무는 꼭두서니과 코페아속에 속하는 상록관목으로 아라비카, 로부스타, 리베리카가 대표적인 품종이다.

아라비카는 원산지가 에티오피아이며 향과 맛이 뛰어난 커피로 전 세계 커피 생산의 70% 정도를 차지하고 있고, 해발 600m 이상 그리고 약 900~2,000m에서 주로 생산되고 있으며 스페셜티커피(Specialty Coffee)에 주로 사용된다.

로부스타는 콩고에서 발견되었으며 아라비카 품종에 비해 카페인 함량이 2배 이상으로 600m 이하의 낮은 지역에서 잘 자라며 병풍해에 강하다. 맛과 향이 쓰고 주로 인스턴트 커피(Instant Coffee)의 재료로 사용된다.

마지막으로 리베리카는 전 세계 상업용 커피의 1% 정도 차지하며 생산량이 극히 적어 상업용으로 재배되지 않고 있다.

세계적인 커피 생산지역은 흔히 커피벨트(Coffee Belt) 혹은 커피 존(Coffee Zone)이라고 한다. 적도기준 남 · 북위 28도 사이의 지역으로 열대 및 아열대 기후로 연간 강수량이 1,500mm 정도에 해당한다.

생산국가로는 아프리카 · 아라비아, 아메리카, 아시아 · 태평양으로 크게 3개 지역으로 구분할 수 있다. 아프리카 · 아라비아 지역의 대표적인 국가로는 예멘, 에티오피아, 케냐, 탄자니아 등이 있고, 아메리카 지역은 브라질, 콜롬비아, 멕시코, 자메이카, 코스타리카, 에콰도르 등이 있다. 아시아 · 태평양 지역은 하와이, 파누아뉴기니, 베트남, 인도네시아, 인도 등이 해당된다.

커피를 즐기기 위한 방법 제대로 된 커피를 즐기기 위해서는 커피의 종류 즉 커피의 생산지와 등급 이외에 로스팅(Roasting), 블렌딩(Blending), 분쇄(Grinding), 추출(Brew, Extraction)의 도구와 방법이 중요하며 정확한 테이스팅(Tasting)이 필요하다.

2. 커피 로스팅(Roasting)

커피 로스팅은 커피의 맛과 향이 최상이 되도록 볶는 과정으로 커피의 맛과 색, 향에 큰 영향을 미친다. 로스팅 단계별로 커피의 맛이 달라지며 커피의 대표적인 쓴맛, 신맛, 단맛에 차이가 난다.

로스팅의 단계는 색상을 기준으로 약 · 중 · 강으로 나누며 상업적으로는 볶음 정도가 유행하는 나라 또는 도시 이름을 따서 라이트 로스트(Light Roast), 시나몬 로스트(Cinnamon Roast), 미디엄 로스트(Medium Roast), 하이 로스트(High Roast), 시티 로스트(City Roast), 풀시티 로스트(Full City Roast), 프렌치 로스트(French Roast), 이탈리안 로스트(Italian Roast)의 8단계로 세분하기도 한다.

시티 로스트와 풀시티 로스트의 시티는 뉴욕을 뜻하고 뉴욕 사람들이 가장 좋아하는 로스팅 단계이며, 프렌치 로스트의 프렌치는 프랑스, 이탈리안 로스트의 이탈리안은 이탈리아 사람들이 가장 선호하는 로스팅을 뜻한다.

가장 강하게 볶은 이탈리안 로스트는 검은 흑갈색으로 아주 검고 쓴맛이 특징으로 이탈리아 사람들이 좋아하는 강한 커피맛을 낼 수 있다.

커피를 로스팅하면 볶는 과정에서 부피는 50% 정도가 늘어나고 질량은 15~17%가 감소하게 된다. 그리고 0.5% 정도를 차지하고 있는 커피 에센스 또는 기름(oil)이 생기며 원하는 맛이 될 때까지 로스팅을 하게 된다.

로스팅 단계가 강해질수록 커피의 색은 초록색→황갈색→연한 갈색→갈색→진한 갈색→흑갈색→흑색으로 변화되고, 표면에 기름이 나오며, 신맛은 줄어들고 쓴맛이 강해진다.

커피 로스팅을 하는 방법은 제일 먼저 불순물과 결점두를 확인 후 제거하고 시작한다. 로스팅을 하는 동안에는 소리, 색깔, 연기, 냄새 등 모든 감각을 이용해 원하는 단계 혹은 추출기구에 맞게 로스팅을 한다.

로스팅을 시작하면 차프(Chaff) 또는 실버스킨(Silver Skin)이 벗겨지면서 불꽃이 피고 연기가 난다. 그 이후 생두 내부 수분이 증발하고 내부 섬유조직이 팽창·파괴되고 여러 가지 가스성분이 분출되면서 1차 크랙(Crack)이 발생하고 이후 2차 크랙(Crack)이 발생한다. 이후 단계가 더 강해지면 커피의 기름이 나오게 되고 더 진행되면 연기가 심하게 난다.

로스팅은 원하는 단계에서 멈추고 마지막으로 뜨거운 열기를 식혀주어야 한다.

3. 커피 블렌딩(Blending)

커피 블렌딩은 2가지 이상의 커피, 즉 서로 다른 맛과 향을 가진 커피를 배합하여 조화롭고 균형 잡힌 커피의 맛과 향을 내기 위한 과정이다. 각각의 특징적인 맛과 향을 가진 커피들을 적절한 비율로 혼합하여 장점은 부각시키고 단점을 보완하여 전체적으로 상승시켜 최상의 상태로 만들어내는 것이다.

블렌딩은 로스팅하기 전 생두를 혼합하는 방법과 각각의 생두를 로스팅한 후 혼합하는 방법이 있다.

블렌딩하는 이유 즉 블렌딩의 장점으로는 커피의 맛과 향이 다양해지고 풍부해지며, 품질을 일정하게 유지할 수 있고, 대체용 커피를 혼합하여 비용을 절감할 수도 있기 때문이다.

그 외 블렌딩을 통한 다양한 종류의 커피가 만들어지고 커피 브랜드의 이름으로 마케팅 효과 또한 얻을 수 있어 끊임없이 변화와 발전이 이루어지고 있다.

4. 커피 분쇄(Grinding)

커피의 분쇄는 커피의 향과 맛이 풍부하게 추출되도록 하는 마지막 단계로 커피 추출 직전에 해야 한다.

분쇄 정도 혹은 분쇄 후 입자의 크기에 따라 커피 표면적과 물의 투과 그리고 추출 속도 등에 영향을 주기 때문에 커피의 맛이 달라지며 커피 추출도구에 맞도록 분쇄를 해야 한다.

커피 추출도구별 입자의 크기를 비교하면 프렌치 프레스는 다른 커피 추출도구에 비해 조금 크게, 터키식 커피 추출도구인 이브릭은 아주 작게 분쇄해야 제대로 된 커피의 맛을 즐길 수 있다.

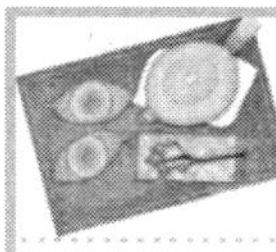

커피 추출도구별 커피 분쇄 정도의 비교

이브릭(Ibrik) < 에스프레소 머신(Espresso Machine) < 모카포트(Mocha Pot) < 사이폰(Siphone) < 드립(Drip) < 프렌치 프레스(French Press)

5. 커피의 추출(Brew, Extraction)과 추출도구

커피의 추출은 물과 도구를 이용하여 커피의 성분을 뽑아내는 것을 말하는 것으로 일반적으로 '커피를 내린다', '커피를 뽑는다'라고 하며 '커피를 추출한다'는 의미를 가진다.

커피 추출도구와 방법으로는 에스프레소 머신(Espresso Machine), 모카포트(Mocha Pot), 사이폰(Siphone), 프렌치 프레스(French Press), 핸드 드립(Hand Drip), 더치 드립(Dutch Drip), 이브릭[Ibrik 또는 체즈베(Cezve)] 외에 베트남에서 주로 사용하는 핀(Fin) 등이 있다.

1) 에스프레소 머신(Espresso Machine)

Espresso는 빠르다는 Express의 의미를 가지고 있으며 높은 압력과 뜨거운 물이 커피 입자를 빠른 시간에 통과하게 하여 짙은 맛과 향, 그리고 거품(크레마)이 있는 에스프레소의 추출이 가능하다.

에스프레스 한 잔의 양은 1온스(28.3ml)로 대략 30ml이며 9~10기압으로 90℃의 뜨거운 물로 25~30초 사이에 추출된 커피를 말한다.

에스프레소는 다양한 커피 메뉴로 변화가 가능하기 때문에 커피 전문점에서 주로 사용하고 있다.

에스프레소를 기본으로 뜨거운 물과 우유, 우유거품 양의 조절 그리고 초콜릿 등의 추가를 통해 아메리카노, 카페라테, 카푸치노, 마키아토, 카페모카 등 다양한 커피 메뉴로의 변신이 가능하다.

2) 모카포트(Mocha Pot)

에스프레소 머신이 아닌 가정용 에스프레소 추출도구로 하단 베이스, 중간 바스켓, 상단 포트톱으로 구성되어 있다.

베이스에 물을 넣고, 분쇄한 커피를 바스켓에 담아 끼우고 그 위에 포트톱을 다시 끼워 불에 올려 사용한다. 베이스의 물이 끓으면서 증기가 커피가 들어있는 바스켓을 통과한 후 포트톱으로 커피가 올라오게 되어 있는 구조이다.

사용하는 커피는 조금 강하게 볶아 미세하게 분쇄한 커피를 사용한다.

3) 사이폰(Siphone)

진공 흡입식 커피 추출도구로 플라스크를 상하로 연결해 사용하는 방식이다. 추출과정을 지켜볼 수 있어 연출효과가 독특하고 진하고 고운 커피가루를 사용하여 98℃의 뜨거운 커피를 추출할 수 있다.

4) 프렌치 프레스(French Press)

1930년대 이탈리아에서 발병되었고 그 이후 프랑스로 넘어가 인기를 얻게 된 커피 추출도구로 사용방법이 쉽고, 빠르고, 간단하여 전 세계적으로 널리 이용되는 추출방법이다.

필터를 사용하지 않기 때문에 오일성분이 물에 녹아 훌륭한 커피 맛을 낼 수 있고 뜨거운 물을 부어 사용하는 아주 간편한 방법이다.

5) 핸드 드립(Hand Drip)

커피 추출도구 중 가장 순수한 커피의 맛을 즐길 수 있는 커피 추출도구이다. 가장 일반적이면서도 원두커피가 가지고 있는 맛과 향을 추출하기에 적합하며, 손으로, 눈으로, 코로 직접 확인하면서 진행하기 때문에 매력적인 추출방법이라 할 수 있다.

종이 필터를 사용할 경우 간편하고도 위생적인 커피 추출방식이다.

핸드 드립 도구로는 드립포트(Drip pot), 드리퍼(Dripper), 서버(Server), 종이필터(Filter)가 사용된다.

드립포트는 물의 배출구 부분이 좁고 긴 형태이고 드리퍼는 칼리타(Kalita), 멜리타(Melitta), 고노(Kono)의 세 종류가 있다.

칼리타(Kalita)는 리브가 위부터 촘촘하게 되어 있으며 추출구가 3개이며, 멜리타(Melitta)는 독일에서 개발되어 리브의 형태가 중간부터 아래로 되어 있으며 추출구는 1개이다.

고노(Kono)는 일본에서 개발된 것으로 원뿔형태이며 리브가 중간부터 아래로 되어 있고 내부의 리브는 직선이며 추출구는 1개로 되어 있다.

각 드리퍼에 맞는 종이필터를 사용하여 커피를 추출한다.

그중 일본에서 개발된 칼리타는 대중적으로 가장 많이 사용되고 있다.

핸드 드립 커피를 추출할 때의 물 온도는 100℃의 고온으로 추출할 경우 커피의 쓴맛이, 75℃의 낮은 온도는 떫은맛이 주로 추출되기 때문에 커피의 풍부한 맛과 향을 위해 90~92℃의 물로 추출하는 것이 적당하다.

핸드 드립 커피의 추출 순서는

① 종이 필터를 알맞은 방법으로 접어 드리퍼에 끼운다.

② 서버 위에 드리퍼를 올린다.

③ 드리퍼에 커피를 넣고 평평하게 한다.

④ 물 온도를 맞춘다. : 드립 포트의 물을 온도계를 이용해 90~92℃로 맞춘다.

⑤ 뜸 들이기를 한다(1차 물 붓기) : 추출된 커피가 서버에 떨어지지 않을 정도로 골고루 적셔질 정도로 물을 붓는다.
뜸 들이기를 하는 이유는 본격적인 추출 전 커피가루를 충분히 불려 고유의 성분을 원활히 추출하고 물이 통과할 수 있는 길을 만들어주기 위함이다.

⑥ 커피를 추출한다(2차 물 붓기) : 드립 포트의 높이는 4~6cm로 정도로 하여 천천히 동그라미를 그리면서 안쪽에서 바깥쪽으로 향하게 하면서 천천히 물을 붓는다.

⑦ 잔에 따른다 : 커피를 잔에 따를 때는 미리 예열한 잔을 사용한다.

6) 더치 드립(Dutch Drip)

찬물 또는 상온의 물을 이용해 장시간 추출하는 커피를 말한다.

위쪽의 커피 여과기, 아래쪽의 저장용기를 가진 커피포트를 이용해 추출하며, 짧게는 3~4시간, 길게는 8~12시간 정도 우려낸 커피 원액으로 찬물이나 뜨거운 물을 희석해서 마신다.

7) 이브릭(Ibrik 또는 체즈베, Cezve)

터키 등지에서 주로 사용하는 방식으로 이브릭(Ibrik 또는 체즈베, Cezve)로 불리는 긴 손잡이가 달린 작은 금속용기에 한 잔 분량의 물에 곱게 분쇄한 커피와 설탕을 넣고 끓이는 커피도구이다.

8) 핀(Fin)

베트남의 커피 추출기구이다. 연유를 부은 컵 위에 올려 커피를 추출하는 기구이다.

Chapter 12

차를 맛있게 즐기는 방법

Chapter 12

차를 맛있게 즐기는 방법

1. 차의 선택과 보관

1) 차의 선택

녹차와 홍차를 비롯하여 다양한 차 가운데 그 맛은 마시는 사람의 기호에 따라 달라져야 한다.

차를 구입할 때는 차 마시는 사람의 기호가 가장 중요하며, 차 마시는 용도에 맞는 차를 선택하는 것이 중요하다. 즉 무조건 고가의 고급차를 선택하는 것은 좋은 방법이 아니라는 것이다.

고급 차일수록 차의 맛이 섬세하여 물의 양이나 온도에 따라 맛이 크게 달라지고 차를 우리는 사람의 실력에 따라서도 크게 달라진다. 초보자인 경우 차의 맛을 느낄 수 있는 부분이 많지 않기 때문에 초보자는 그에 맞는 차를 선택하는 것이 중요하다.

예를 들어 녹차의 경우 차를 처음 접하는 사람은 구수한 맛이 있는 현미녹차가 적당하며 피로회복이나 두뇌 회전을 촉진시키기 위해서는 우전이나 세작이 적당하다.

가족끼리 모여 차를 마실 때는 차의 맛과 향을 음미할 수 있는 비교적 고급차가 적당하다.

야외에서 운동경기를 할 때에는 캔이나 페트(pet) 제품이 간편하게 차를 마실 수 있는 방법이다.

차를 선택할 때 마시는 사람의 기호 이외에 기본적으로 차의 수분이 적어야 하며(10% 이하) 꽃봉오리나 다른 불순물이 없어야 한다. 찻잎의 원형이 유지되어 있고 크기가 일정한 것이 좋은 것이다.

녹차 중 우전은 대부분이 1창 1기로 이루어져 있어 창의 비율이 높아야 하고 세작의 경우는 1창 2기로 이루어지며 부서진 잎이나 가루가 많지 않아어야 한다.

차를 감별하는 방법은 색(色), 향(香), 미(味)로 은은한 향기에 개운하고 시원하고 청량한 기운이 비위에 맞고 감칠맛이 나는 담백함은 소화를 돕고 미각을 새롭게 하는 효능이 있으며 심신의 안정과 같은 심리적 욕구를 충족시켜 줄 수 있어야 한다.

그중 차는 맛이 가장 중요하다. 차의 맛은 오미(五味)를 두루 갖추어야 하는데 그중에서 다섯 가지 맛이 복합적으로 어우러져 담백하고 감칠맛이 나는 것이 최상이다.

차의 맛은 차의 종류, 물의 종류와 온도, 차를 우리는 시간, 마시는 장소, 다구의 종류 등에 따라 다르며 마시는 사람의 건강상태나 기분에 따라서도 달라진다.

2) 차의 보관

차는 수렴성이 좋기 때문에 수렴성에 노출되지 않도록 해야 한다.

일반적으로 차는 다른 건조식품과 마찬가지로 오랜 기간 저장하기 위해 건조하여 보관하므로 미생물의 변질은 없으나 수분을 흡수하는 흡습성이 좋기 때문에 상온에서 흡습하였을 경우 급속히 변질된다.

차의 변질 원인은 다음과 같다.

① 습기가 침범해서 발효되거나 열기가 스며들어 차가 뜨는 경우

② 냉기가 스며 차의 기(氣)를 손상시키는 경우

③ 연기나 가스에 의해 향기가 증발되는 경우

④ 광선에 의해 변색되는 경우

차는 저온에서 보관할수록 좋지만 일반적으로 냉장 또는 냉동 보관을 할 경우 냉장고를 이용하는데 이것은 다른 음식물 등의 냄새를 흡수하므로 좋지 않으며, 차만을 위한 전용 냉장고면 적당하다.

그 외 단지나 항아리에 숯을 깔고 보관하는 것이 좋으며, 차만을 전용으로 사용하는 용기에 담아 보관하는 것이 좋다. 산소가 들어가면 산화가 일어날 수 있으므로 공기의 차단이 중요하다.

차의 보관에 있어서 녹차, 청차, 홍차, 흑차 순으로 보관이 어렵고 홍차 중에서는 향기가 많은 것의 보관이 어렵다.

차의 유통기한은 개봉 전에는 질소를 충전하거나 포장된 상태에서는 2년 정도이고 냉동시키면 10년까지는 보관이 가능하다. 개봉 이후 실온상태로는 6개월 정도가 적당하다. 하지만 보관을 잘 못할 경우는 이것보다 훨씬 짧아질 수 있다.

2. 물의 선택

차 우리기에 가장 좋은 물로 산의 물 중에서 돌 사이에서 솟아나는 석간수와 바위틈에서 흐르는 유천을 꼽을 수 있다.

차를 우리는 데 적합한 물의 조건은 미네랄이 적당하게 함유되어 있어야

하고, 적당한 경도(硬度), pH(수소이온농도), 탄산가스, 산소를 함유하고 있으며, 유기물이나 철, 망간 등의 성분이 적어야 한다.

최근에는 대부분의 가정에서 정수기를 사용하는데 정수기의 물도 차를 우리기에 적당하다. 수돗물을 이용할 때는 수도꼭지를 틀고 약간 흘려보낸 뒤 물을 받아서 사용한다.

물을 끓일 때는 물이 끓는 소리가 나자마자 불을 끄지 말고 뚜껑을 열어 조금 더 끓이는 것이 바람직하다.

끓는 물은 Eye of Fish, 다음 Eye of Crab, 다음은 Eye of Pearl, 다음은 Eye of Old Man으로 표현하는데 차를 우릴 때는 3번째와 4번째 단계가 적당하다.

이것은 물이 끓을 때 생기는 기포의 모양으로 펄펄 끓인 물을 사용해야 한다는 것이다. 이렇게 해야 물속의 염소(CI)성분이 이온상태에서 기체상태로 밖으로 나가게 된다. 물속에서 짠맛을 내는 나트륨(Na)과 염소(CI)성분이 날아감으로써 물이 순수해진다. 따라서 차도 잘 우러나게 되어 차 맛이 좋아진다.

또한 한번 끓인 물이 식으면 나트륨(Na)과 염소(CI)성분 결합이 더 강해진다. 끓인 후 식힌 물, 끓인 후 식힌 물을 다시 끓인 물은 차 우림에 방해가 되기 때문에 적합하지 않다.

3. 녹차의 특성에 따라 적정상태에서 제공하기

– 재료

- 각종 녹차
- 다구 : 다관, 숙우, 찻잔, 다완, 잔받침, 차선 등
- 차 서비스 기물 : 트레이, 티백 트레이, 냅킨 등

1) 녹차 우리는 방법

우리나라의 녹차는 오랜 역사만큼이나 많은 종류의 다구와 격식이 생겨났다. 격식에 맞게 차를 서비스하기 위해서는 필요한 다구의 종류 또한 많아진다. 하지만 바쁜 현대사회에서 건강에 좋은 녹차를 많이 마시기 위해서는 간편하면서도 녹차의 우수한 맛과 향을 살릴 수 있는 현대감각에 맞는 서비스 방법의 활용이 필요하다.

주변에서 간편하고 편하게 마시는 녹차라도 티마스터는 차의 전문가로서 서비스하는 녹차 재료를 우려내는 과정에 대한 정확한 지식과 기술을 바탕으로 차 접대의 격식을 갖추고 고객에게 친절하게 서비스함과 동시에 설명을 하는 것도 꼭 필요한 사항이라고 할 수 있다.

2) 녹차 서비스 방법

(1) 티백녹차 서비스 방법

티백녹차는 80℃에서 200ml 정도의 물의 양으로 1~2분가량 우리는 것이 적당하다.

① 100℃로 끓인 물을 잔에 따르고 1~2분 정도 지난 후 물의 온도가 80℃ 정도 되었을 때 티백을 잔의 옆쪽으로 비스듬히 넣는다.

② 잔에 따르는 물의 양은 컵의 80% 정도가 되게 한다.

③ 잔, 잔받침, 티백을 놓을 수 있는 티백 트레이를 함께 서비스한다.

④ 잔의 손잡이가 있는 경우 손잡이의 방향이 고객의 오른쪽에 오도록 놓는다.

⑤ 티백을 넣은 경우 티백을 흔들어 우려진 상태로 서비스한다.

⑥ 여성 고객 먼저 서비스한다.

⑦ 고객의 오른쪽에서 서비스한다.

(2) 녹차(잎녹차) 서비스 방법(5인용 다관 사용 시)

잎차를 우릴 때는 티백과 달리 개별 포장이 되어 있지 않기 때문에 기본적인 다구인 다관, 숙우, 찻잔이 필요하다.

그리고 고객의 수와 어떤 종류의 다구를 어떤 방식으로 서비스하느냐에 따라 다구의 위치를 각각 달리해야 한다.

차를 우리고 마실 때는 조용하고 정숙한 분위기를 유지하는 것이 좋으며 제일 먼저 다구를 예열 및 세척한 후 우려야 한다.

다구의 위치는 다관과 숙우(다관의 오른쪽)를 차를 우리는 사람 앞에 놓고 다관과 숙우 뒤쪽에 찻잔을 놓는다.

① 다관과 찻잔을 미리 예열한다.

② 제일 먼저 100℃의 뜨거운 물을 숙우에 따른다.

③ 물이 식는 동안 다관에 차를 넣는다. 차의 양은 5인용 다기 기준으로 약 3g이 적당하다. 녹차는 녹차의 종류별로 우전은 65℃, 세작은 70℃, 중작은 75℃로 우리는 물의 온도를 달리해야 한다. 마실 때의 온도는 우전은 45℃, 세작은 50℃, 중작은 55℃가 적당하다.
녹차는 물의 양과 온도, 우리는 시간이 맞지 않으면 쓰고 떫은맛이 강해져 녹차 고유의 향과 감칠맛을 느끼지 못하게 된다.

④ 숙우에 따른 물의 온도가 세작의 경우 70℃가 되면 다관에 따른다.

⑤ 다관에 물을 따른 후 1분 30초가량 기다리는 동안 다관은 동그라미 원을 그리면서 돌려준다. 다관을 돌려주면 말려 있는 녹차가 자연스럽게 풀어지면서 더 잘 우러나게 된다.

⑥ 차를 따를 때에는 두 번에 나누어 따른다.
차를 따르는 중에도 차가 우러날 수 있기 때문에 같은 농도의 차를 마시기 위함이다.

⑦ 찻잔은 찻잔받침을 받쳐 한 잔씩 서비스한다.

(3) 가루녹차(말차) 서비스 방법

일반적인 잎녹차와 달리 가루형태의 녹차는 다완과 차선을 이용한다.

다완에 말차를 넣어 90℃ 정도의 물을 붓고 차선으로 격불을 하면 말차가 녹으면서 거품이 함께 생겨난다.

말차가 담겨 있는 다완 그대로 고객이 바로 마실 수 있도록 바로 서비스한다.

말차는 물에 우려서 마시는 녹차에 비해 차의 모든 성분을 물에 녹여 마시기 때문에 쓴맛이 강하게 느껴질 수 있으므로 단맛이 강한 다식을 곁들이는 것이 좋다.

4. 홍차의 특성에 따라 적정상태에서 제공하기

– 재료

- 각종 홍차
- 티웨어(Tea Ware) : Tea Pot(티포트), Tea cup & Saucer(티컵과 받침), Strainer(스트레이너), Tea cozy(티코지), Sugar bowl(슈거 볼), Sand glass (모래시계), Milk jug(밀크 저그), 티스푼
- 홍차 서비스 기물 : 트레이, 티백 트레이, 냅킨 등

1) 홍차 우리는 방법 : 홍차의 골든 룰(Golden rules)

영국에서 홍차가 유행하기 시작하면서 '홍차를 어떻게 하면 바르게 우려낼 수 있을까 하는 방법에 관한 연구'가 생겨났다.

오랜 체험과 연구 끝에 1861년 빅토리아시대를 대표하는 요리전문가 이자벨라 M. 비튼(Isabella Mary Beeton) 여사가 요리의 바이블이라고 불리는 『가정서(家政書)』에 이른바 골든 룰(Golden rules)이라는 영국식 홍차 내는 요령에 관한 법식을 내놓게 된다.

아무리 요리의 대가가 내놓은 방법이라 해도 차의 품질이 다르고 수질에 차이가 있고 전통문화의 차이에 따라 즐기는 방법이 각각 다르기 때문에 범세계적으로 엄격하게 통일된 방식을 적용한다는 것은 무리가 따를 수밖에 없다.

그럼에도 불구하고 세계 각국에서 널리 활용하고 있는 골든 룰을 정리하면 다음과 같다.

아무리 맛과 향이 뛰어난 홍차라 하더라도 잘 우려내지 못하면 홍차의 맛을 제대로 느낄 수 없다. 홍차를 맛있게 우려내는 법칙을 골든 룰(Golden rules)이라 하며 이는 찻잎이 지니고 있는 맛과 향을 가장 효과적으로 우려내는 방법이라 할 수 있다.

첫째, 질 좋은 차의 선택이다.

둘째, 신선하고 좋은 물을 펄펄 끓여 사용한다.

셋째, 찻잔(Tea cup)과 찻주전자(Tea pot)는 따뜻하게 예열한다.

넷째, 적당량의 차와 적당한 시간조절을 한다.

2) 홍차 서비스 방법

(1) 티백홍차 서비스 방법

티백은 요즘 바쁜 현대인들이 간편하고 빠른 시간에 차를 우려서 마실 수 있는 장점이 있어 즐겨 찾는 형태의 차라고 할 수 있다.

거의 모든 종류의 차가 티백으로 만들어져 있으며 최근에는 피라미드형태의 분쇄하지 않은 고급차가 들어 있는 티백의 생산도 크게 늘고 있다.

홍차의 경우 제조과정 자체에서 CTC 또는 브로큰 형태로 생산되기 때문에 티백의 생산량도 많은 반면, 녹차는 잎의 원형을 그대로 유지하고 있는 것이 좋은 차로 티백용은 늦게 수확하여 거친 차를 파쇄하여 만들어지기 때문에 맛과 향이 떨어지는 경향이 있어 저급으로 취급받기도 하였다.

티백을 이용하여 차를 마실 경우 개별 포장되어 있어 간편하게 뜨거운 물만 부어서 마실 수 있는 형태이다. 따라서 찻잔과 티백을 건져내서 올려놓을 수 있는 티백받침(Teabag tray)만 있으면 된다.

티백형태의 차는 티백 속에 들어 있는 차의 양이 보통 1.2~1.5g이며, 필요한 물의 양은 250ml 정도이다. 흔히 사용하는 종이컵은 180ml이며 여기에 70~80% 정도의 물을 따를 경우 130ml 정도가 된다. 따라서 일반적인 종이컵을 비롯한 일반적인 컵보다 머그컵과 같은 약간 용량이 큰 컵을 사용하는 것이 좋다. 이것은 물의 양뿐만 아니라 컵의 크기(부피)가 커져야 차가 잘 우러나올 수 있는 이유도 포함되어 있다.

홍차의 경우 녹차와 비슷하지만 100℃의 뜨거운 물을 바로 사용하면 된다. 그리고 조금 진한 홍차를 원할 경우에는 우리는 시간을 1분에서 2분 정도로 하면 된다.

① 티컵을 예열한다.

② 100℃로 끓인 물을 티컵에 따르고 티백을 잔의 옆쪽으로 비스듬히 넣는다.

③ 티컵에 따르는 물의 양은 컵의 80% 정도가 되게 한다.

④ 티컵, 티컵받침, 티백을 놓을 수 있는 티백받침(Teabag tray)을 함께 서비스한다.

⑤ 티스푼은 잔의 앞쪽으로 손잡이가 오른쪽이 되도록 놓는다.

⑥ 티컵의 손잡이 방향이 고객의 오른쪽이 되도록 놓는다.

⑦ 설탕과 홍차의 종류에 따라 레몬은 함께 서비스한다.

⑧ 티백을 넣을 경우 티백을 흔들어 우려진 상태로 서비스한다.

⑨ 여성 고객 먼저 서비스한다.

⑩ 고객의 오른쪽에서 서비스한다.

(2) 홍차 서비스 방법

홍차를 우리기 전에 티포트와 티컵은 미리 예열한다. 찻물의 온도가 급강하하게 되면 맛과 향이 저하될 뿐만 아니라 특유의 떫은맛을 강하게 느낄 수 있기 때문이다.

홍차는 녹차와 달리 홍차 종류에 상관없이 100℃의 물을 사용하며 차의 등급에 따라 우리는 시간을 달리한다. 즉 파쇄가 많이 될수록 짧게 우려낸다. 홍차의 등급이 높고 크기도 큰 FOP는 4~5분, OP는 3~4분, Fannings는 2~3분, Dust는 좀 더 짧게, 그리고 티백은 1~2분 정도가 표준이다.

모래시계나 타이머 등을 이용하여 홍차의 특징에 따라 우려내는 시간을 조절하여 적절하게 우려낸다. 그리고 티포트에서 홍차가 우려지는 동안 온도 유지를 위해 티포트의 덮개를 덮고 티코지를 사용하여 덮어둔다.

홍차의 종류와 등급에 따라 차의 양과 우려내는 시간을 조절해야 한다. 일반적으로 한 잔에 3g 정도가 적당하지만 많이 분쇄된 차는 양을 조금 적게 하는 것이 적당하다. 우려내는 시간 또한 분쇄 정도에 따라 달라지는데 잎이 큰 경우는 5분, 중간 정도는 3분, 티백이나 분쇄가 많이 된 경우는 2분 정도가 적당하다.

차의 분량은 차의 등급에 따라 다르나 소정의 분량보다 약간 많이 넣는 것이 좋다. 그 이유는 진한 차는 희석시킬 수 있지만 싱거운 차는 농도를 짙게 할 수 없기 때문이다.

마지막으로 차를 따를 때는 스트레이너를 찻잔 위에 올려 사용한다.

차를 따르는 동안에도 차 성분은 계속 우러난다. 따라서 첫 잔과 마지막 잔의 농도가 현저히 달라질 수 있다. 그러므로 차를 따를 때는 첫 잔과 마지막 잔의 농도가 같도록 조금씩 나누어 따른다.

① 티포트와 티컵을 뜨거운 물을 이용하여 예열한다.
② 물을 끓이는 동안 티포트에 준비한 홍차를 넣는다. 티 메이저 스푼 등을 이용하여 정확한 양을 계량한다.
③ 100℃의 뜨거운 물이 준비되면 차가 들어 있는 티포트에 따른다.
④ 뜨거운 물이 들어 있는 티포트는 뚜껑을 닫고 티코지를 씌워준다.
⑤ 차의 종류와 등급에 따라 우리는 시간을 달리한다. 우리는 시간 측정은 모래시계나 티 타이머를 사용한다.
⑥ 우려진 차는 티코지를 벗겨내고 예열된 티컵에 따른다. 따를 때는 스트레이너를 티컵 위에 올려서 사용한다.
⑦ 티컵, 티컵받침, 티스푼, 설탕과 함께 서비스한다.
⑧ 티컵과 티스푼의 손잡이 방향이 고객의 오른쪽이 되도록 놓는다.
⑨ 홍차의 종류에 따라 아삼과 같은 진한 홍차는 우유와 함께 서비스한다.

⑩ 여성 고객 먼저 서비스한다.

⑪ 고객의 오른쪽에서 서비스한다.

부록 : Tea Taste Sheet

Date: 20 . . Time: Place:

<table>
<tr><td colspan="2" rowspan="2">Name Tea</td><td rowspan="2"></td><td>Company & Year</td><td colspan="2"></td></tr>
<tr><td>Place packing</td><td colspan="2"></td></tr>
<tr><td colspan="2">Place of tea Cultivated (ratio blend)</td><td></td><td rowspan="2">Type Leaf</td><td colspan="2">TGFOP, GFOP, FOP, OP, BOP, BP, Fannings, Dust, CTC, teabag</td></tr>
<tr><td colspan="2">Time of plucking</td><td></td><td colspan="2">etc.</td></tr>
<tr><td colspan="2">Quantity of tea in Caddy</td><td></td><td>Price</td><td colspan="2"></td></tr>
<tr><td>Quantity Tea</td><td>g</td><td>Quantity Water</td><td>ml</td><td>Time of brew</td><td>m s</td></tr>
</table>

<table>
<tr><td rowspan="3">Befor</td><td>Color tea Material</td><td></td></tr>
<tr><td>Aroma tea Material</td><td></td></tr>
<tr><td>Taste tea Material & Character</td><td></td></tr>
<tr><td rowspan="5">Tasting</td><td>Color tea Water</td><td></td></tr>
<tr><td>Aroma tea Water</td><td></td></tr>
<tr><td>Taste tea Water & Character</td><td></td></tr>
<tr><td>Body</td><td>Weak 1, 2, 3, 4, 5, 6, 7 Strong
cf:</td></tr>
<tr><td>Taste(add. Milk)</td><td></td></tr>
<tr><td rowspan="4">After</td><td>Color tea Residue</td><td></td></tr>
<tr><td>Aroma tea Residue</td><td></td></tr>
<tr><td>Taste tea Residue</td><td></td></tr>
<tr><td>Statues of tea Residue</td><td></td></tr>
<tr><td colspan="2">Suitable Food, Music, etc.</td><td></td></tr>
<tr><td colspan="3">Remarks</td></tr>
</table>

참고문헌

- 교육부, 2016, NCS 비행 중 서비스 학습모듈
- 교육부, 2016, NCS 승객 탑승 및 이륙 전 준비 학습모듈
- 교육부, 2016, NCS 승객 탑승 전 준비 학습모듈
- 교육부, 2016, NCS 식음료주문 학습모듈
- 교육부, 2016, NCS 음료서비스 학습모듈
- 국내 항공기내 음료서비스 개선을 위한 녹차 접대기술 체계화(한국차학회), 2008.12.31. 안소영
- 녹차 잘~먹고 잘사는 법(김영사), 김봉찬
- 대한차학소사전(석학당), 박병근
- 대한항공 객실승무원 업무규정집
- 동과 서의 차 이야기(한길사), 이광주
- 사진으로 보는 중국의 차(형설출판사), 박홍관
- 새롭게 쓴 세계의 음식문화(교문사), 구성자 · 김희선 지음
- 손연숙의 차문화기행(이른아침), 손연숙
- 쉽게 이해하는 중국문화(다락원), 김태만 · 김창경 · 박노종 · 안승웅
- 아시아나항공 업무규정집
- 일반음료학(백산출판사), 박병근 외
- 차의 이해(꼬레알리즘), 이진수
- 찻잎속의 차(이른아침), 2008, 이진수 · 이진미 · 주은철
- 초의선사의 동다송(동아일보사), 김대성
- 티마스터, (사)한국커피협회
- 항공기내식음료론(백산출판사), 엄경아 · 황승미
- 홍차 잘~먹고 잘사는 법(김영사), 염혜숙
- 홍차이야기(살림지식총서), 정은희
- 국가직무능력표준 홈페이지(www.ncs.go.kr)

- 대한항공 홈페이지(www.koreanair.com)
- 아시아나항공 홈페이지(www.flyasaina.com)
- 영국항공 홈페이지(www.britishairways.com)
- 전일본공수 홈페이지(www.ana.co.jp)
- 중국남방항공 홈페이지(www.csair.com)

찾아보기

ㅊ

ㅋ

ㅌ

ㅍ

ㅎ

[저자소개]

안소영

- 대경대학교 항공운항과 교수, 학과장
- 대경대학교 NCS 전문위원
- 대한항공 국제선 객실승무원
- 직업능력개발 훈련교사
- 한국직업능력개발원 평가위원
- 국제그린티마스터 챔피언

e-mail : asy1029@hanmail.net

NCS 적용 티마스터를 위한 **항공기내음료서비스**

2016년 10월 25일 초판 1쇄 인쇄
2016년 10월 30일 초판 1쇄 발행

지은이 안소영
펴낸이 진욱상
펴낸곳 백산출판사
교　정 성인숙
본문디자인 박채린
표지디자인 오정은

저자와의 합의하에 인지첩부 생략

등　록 1974년 1월 9일 제1-72호
주　소 경기도 파주시 회동길 370(백산빌딩 3층)
전　화 02-914-1621(代)
팩　스 031-955-9911
이메일 edit@ibaeksan.kr
홈페이지 www.ibaeksan.kr

ISBN 979-11-5763-190-2
값 14,000원